MARZAGIOCHI e STECCODOLCI

Luca Montersino

MARZAGIOCHI e STECCODOLCI

in cucina con i bambini

MONDADORI

I miei più sentiti ringraziamenti vanno a Karl Sindern, un vero artista nel modellare il marzapane. Fin dalla prima volta che lo vidi lavorare rimasi affascinato non solo dalla sua bravura e dalla sua creatività indiscusse, ma soprattutto per la passione che riesce a trasferire alle persone che gli stanno intorno. Un uomo di oltre settant'anni che quando ha il marzapane tra le mani diventa un bimbo di 10 anni, con lo stesso entusiasmo e la stessa luce negli occhi! Mio maestro, mio amico, come un nonno per me, devo a lui tutto quello che so sul marzapane.
Grazie Karl.

Marchio di Food S.r.l.
Via Mazzini, 6 - 43121 Parma
www.foodeditore.it

Illustrazioni
Tommaso Guaita

Fotografie
Roberto Sammartini

Copertina
Art Director Dario Tagliabue
Graphic Designer Daniela Romeo

Mondadori Libri Illustrati
Prima edizione: novembre 2012

www.librimondadori.it

SOMMARIO

giochi golosi per grandi e piccini

Questo libro racchiude un progetto ambizioso: insegnare a grandi e piccini a preparare insieme divertenti golosità di ogni forma e colore a base di marzapane e non solo, da utilizzare come decorazione per una torta o come gioco da fare da soli o con mamma e papà. Un volume che unisce divertimento e tecnica, che ho pensato sia per genitori, nonni e tutti coloro che devono organizzare feste e passatempi per i bambini, sia per pasticcieri e professionisti del settore, che potranno trovare trucchi e ispirazione per le loro creazioni.

Il termine **marzagiochi** che raccoglie i soggetti della prima sezione è di mia invenzione. Si tratta di creazioni a base di marzapane da fare per i bambini e con i bambini, per trasformare anche il dolce più semplice in una vera festa. Il marzapane, inoltre, può essere usato per giocare come se fosse pongo o plastilina. I personaggi in marzapane che ho realizzato in questo volume sono stati pensati prima di tutto per decorare e rendere assolutamente unica e speciale una classica torta di panna o ricoperta da una semplice glassa; alla fine della festa il festeggiato potrà decidere se mangiare un po' della decorazione oppure conservarla come gioco. Ma il marzapane potrà anche diventare una divertente e originale pasta colorata da modellare per giocare con i bambini sviluppando la loro creatività e manualità; non solo è atossico ma, alla fine del gioco, sarà buonissimo da mangiare!

Accanto ai marzagiochi in questo libro troverete gli **steccodolci**, un altro neologismo per designare la versione tutta italiana degli anglosassoni cake pops. Si tratta di golose palline di pan di Spagna ricoperte da una glassa, infilzate su uno stecco da lecca lecca e modellate a forma di simpatici animali, mostri spaventosi, mini cupcake o qualsiasi altra cosa vi suggerirà il vostro estro. Sarà piacevole prepararli insieme ai vostri bambini per le loro feste di compleanno, magari da regalare ai piccoli invitati, confezionati in sacchettini trasparenti.

Mi sono divertito a realizzare tutte le creazioni di questo libro insieme a mia figlia Alessia, e anche voi potrete facilmente riprodurle a casa in compagnia dei vostri bambini. Ogni progetto è accompagnato dalla foto del soggetto, spesso ripreso da diverse angolazioni per mostrarvi tutti i dettagli, e da disegni step by step che illustrano con chiarezza ogni passaggio cruciale. La parte iniziale del volume è dedicata alle **tecniche di base** descritte e fotografate passo passo: dai segreti per colorare e lucidare il marzapane ai trucchi per glassare gli steccodolci a regola d'arte; dalle procedure per realizzare un corpo generico comune ai diversi soggetti ai piccoli dettagli per personalizzare ogni creazione. Una volta che saprete padroneggiare queste poche e semplici ma fondamentali regole potrete anche divertirvi a inventare soggetti nuovi e fantasiosi.

Luca Montersino

guida alla lettura

I marzagiochi sono pensati per decorare torte di ogni tipo. Dopo aver creato il vostro soggetto preferito, infatti, potrete disporlo a piacere sulla torta precedentemente cucinata: dalla torta margherita alla crostata, dalla torta di cioccolato a quella di noci. Le **basi** che vedete raffigurate nelle fotografie del libro non sono torte "vere" da riprodurre, ma supporti creati esclusivamente per esigenze fotografiche. Sono state studiate per mostrare i marzagiochi nel migliore dei modi e permettervi di concentrare l'attenzione sui dolcetti raffigurati, veri e propri protagonisti di questo libro. Per questo motivo nel volume non troverete indicazioni o ricette circa queste basi, starà a voi preparare in anticipo la torta che preferite e posizionare poi il soggetto, scegliendo anche quali particolari aggiungere al personaggio principale. Potrete riprodurre quelli della foto o "rubarne" alcuni dagli altri progetti presenti nel libro: basterà seguire la fantasia e i gusti dei vostri bambini.

Le basi su cui sono stati posizionati i soggetti sono state decorate con **elementi accessori** per arricchire la raffigurazione. Nelle spiegazioni illustrate passo a passo è stato privilegiato il procedimento per creare i soggetti principali, facilmente riconoscibili a una prima occhiata anche aiutandosi con il titolo della ricetta. I particolari accessori sono però spiegati nei box o nella parte introduttiva dedicata alle tecniche. Trovarli è semplicissimo: basterà seguire i riferimenti di pagina presenti in ogni progetto.

Negli ingredienti di ogni ricetta è indicata una **quantità di marzapane** sufficiente per soggetto principale e dettagli. Si tratta di **dosi indicative** per soggetti di medie dimensioni; la quantità può però variare a seconda delle preferenze o delle dimensioni della torta su cui disporrete il marzagioco. Per procedere nel migliore dei modi, prima di iniziare colorate il marzapane con le tinte prescelte. Non è possibile dare indicazioni precise circa le singole quantità di marzapane da colorare con un colore piuttosto che con un altro, ma se dovesse avanzarvene un po', non preoccupatevi: potrete conservarlo o creare al momento qualche particolare in più.

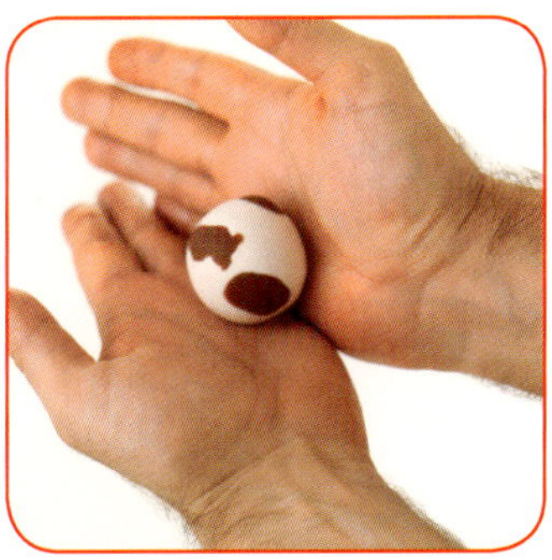

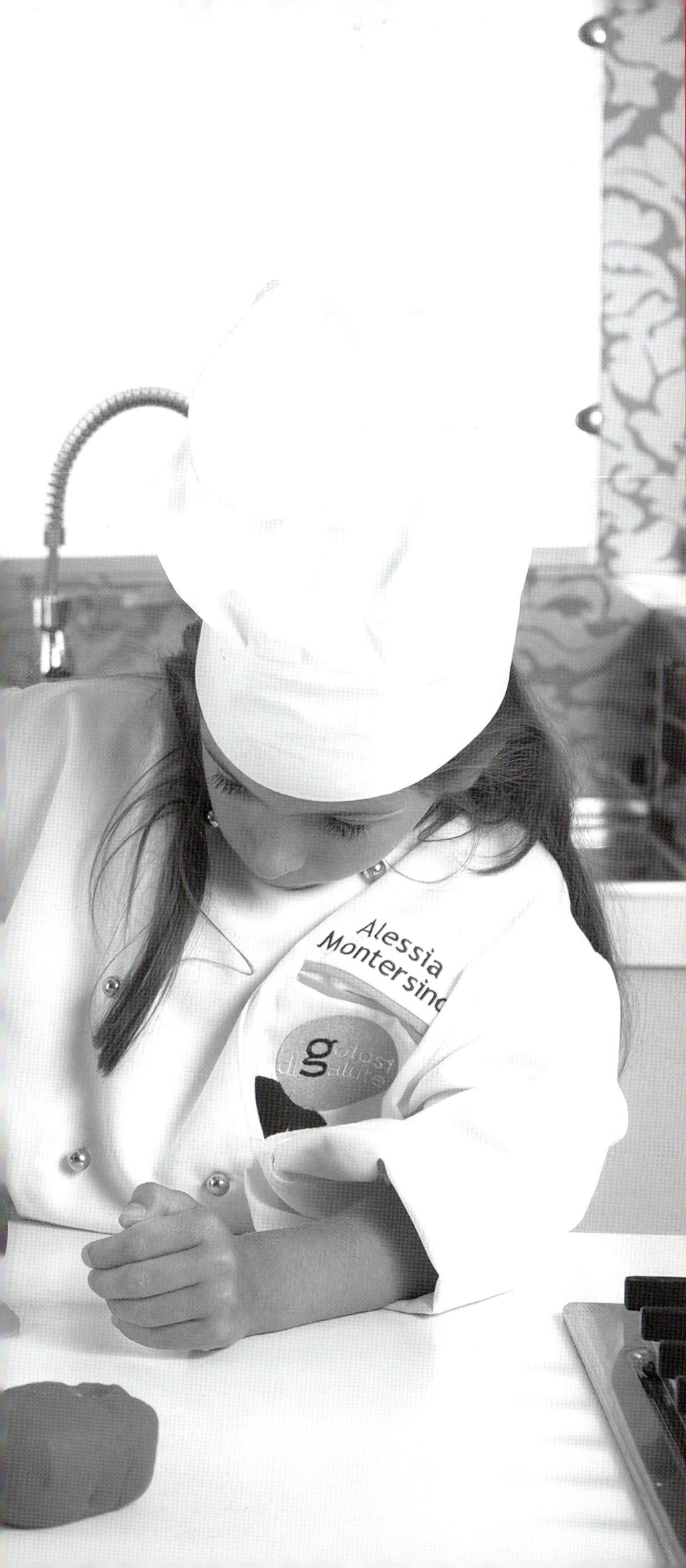

TECNICHE DI BASE

gli attrezzi

1

3

2

4

5

1 ATTREZZI PER MODELLARE
Rigorosamete di plastica, sono il coltellino (in alto) per segnare i dettagli, ricreare l'effetto di barba o pelo o per tagliare piccoli elementi, e il ball tool (in basso) che, nella misura più piccola, è essenziale per creare i piccoli dettagli delle figure (occhi, orecchie, bocca ecc.). L'estremità più grande si usa per creare incavi di maggiore dimensione.

6

7

8

2 COLORANTI ALIMENTARI IN POLVERE E IN GEL
Quelli in polvere si utilizzano per colorare il marzapane o lo zucchero fondente; quelli in gel possono essere impiegati puri per dipingere i soggetti o miscelati a glasse, pasta di zucchero ecc.

3 PENNELLINI PER DECORO
Indispensabili per rifinire i dettagli dei soggetti (occhi, ciglia ecc.).

4 PINZA
Per creare bordi e decorazioni a smerlo.

5 PERLINE DI ZUCCHERO
Di vari colori e forme, per completare con allegria e stile i dolci.

6 COLTELLO DI PLASTICA GRANDE
Si utilizza per tagliare elementi più grandi o per staccare i soggetti dal piano di lavoro con un movimento secco dopo averli terminati.

7 MATTERELLO DI SILICONE
Per stendere la pasta di zucchero senza il rischio che si attacchi.

8 STECCHI
Di diverse dimensioni, di legno e di plastica, indispensabili per gli steccodolci.

preparare il marzapane

In queste pagine vi proponiamo la ricetta casalinga del marzapane, tuttavia vi consigliamo di acquistare quello industriale neutro da colorare: è più malleabile, secca meno facilmente e si conserva più a lungo (fino a 1 anno se avvolto nella pellicola trasparente). La regola di base per modellare il marzapane è toccarlo il meno possibile e, comunque, non utilizzare le dita ma i palmi delle mani; potete usare le dita solo al momento di realizzare i piccoli dettagli come naso, orecchie, baffi ecc. Inoltre, tranne poche eccezioni, tutte le operazioni devono essere eseguite senza appoggiare il marzapane al piano di lavoro. Questi accorgimenti vi permetteranno di ottenere soggetti più "puliti", in cui i segni di giuntura tra le varie parti saranno poco visibili.

che cosa ti occorre?

Ingredienti per 900 g di marzapane

- 400 g di zucchero
- 80 g di sciroppo di glucosio
- 1,4 dl d'acqua
- 300 g di farina di mandorle
- colorante alimentare in polvere

In una pentola cuocete lo zucchero, il glucosio e l'acqua.

Il composto dovrà raggiungere la temperatura di 115 °C.

LA COLORAZIONE

Quando colorate il marzapane, insieme al colorante in polvere potete utilizzare anche 1 cucchiaino di colorante liquido dello stesso colore. Questo dà una colorazione più intensa ed è più facile da amalgamare al marzapane. Fate però attenzione alle quantità: è più difficile da dosare e, se utilizzato in eccesso, rende il marzapane troppo molle e quindi più difficile da modellare.

Mettete la farina di mandorle in un cutter e versate il liquido ottenuto sulla farina mentre il cutter è in azione.

Impastate bene con le mani e date al marzapane la forma di un cilindro.

LE RIFINITURE

Per attaccare le varie parti dei soggetti non serve mai acqua: l'importante è applicarle appena create. Il soggetto finito può essere lucidato a piacere con una lacca spray a uso alimentare: aiuta a togliere le imperfezioni e naturalmente è commestibile. Una volta completati, i soggetti vanno staccati dal piano di lavoro con un movimento secco utilizzando un coltello piatto.

Per colorare il marzapane, indossate dei guanti di lattice e aggiungete la punta di un coltellino di colorante in polvere a un pezzetto d'impasto.

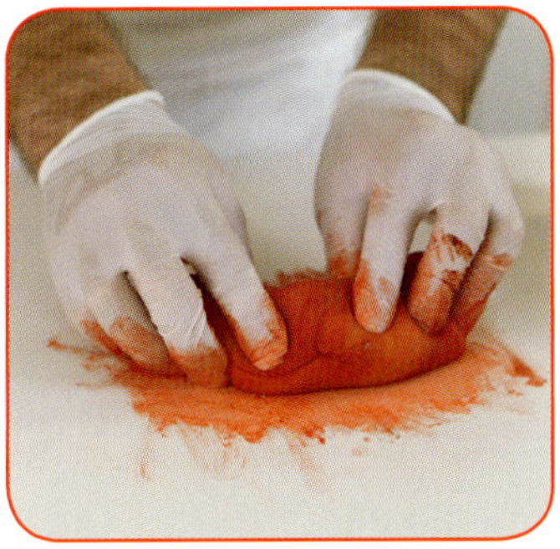

Impastate bene il tutto, in modo che il marzapane assorba il colore uniformemente.

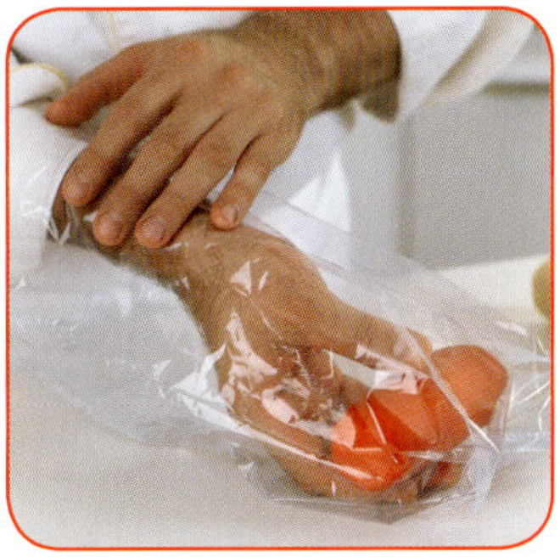

Il marzapane si secca facilmente ed è quindi necessario riporlo in sacchetti di plastica alimentare a chiusura ermetica appena avrete finito di utilizzarlo.

realizzare un corpo a 4 arti

Quella descritta in queste sequenze è una delle tecniche più importanti da saper padroneggiare quando si modella il marzapane. Si tratta, infatti, di un procedimento di base per ottenere un corpo "universale", che andrà bene sia per creare gli animaletti sia per

Formate una palla di marzapane arrotolandola tra i palmi delle mani.

Sempre con i palmi delle mani allungate un'estremità in modo da formare una sorta di pera. Avrete così plasmato il primo arto.

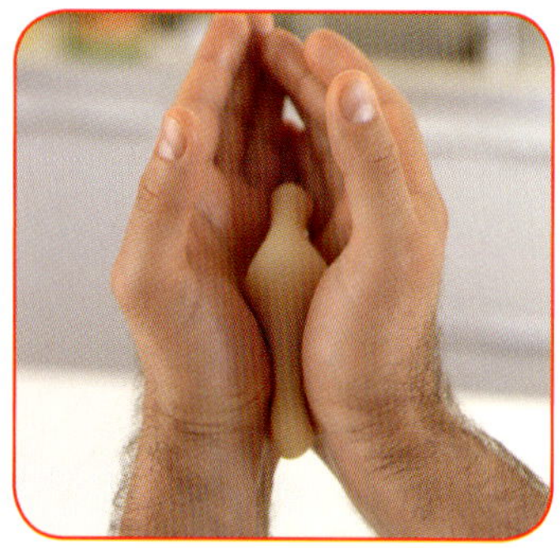

Ripetete l'operazione dalla parte opposta a quella allungata formando una sorta di pera doppia. Avrete così plasmato il secondo arto.

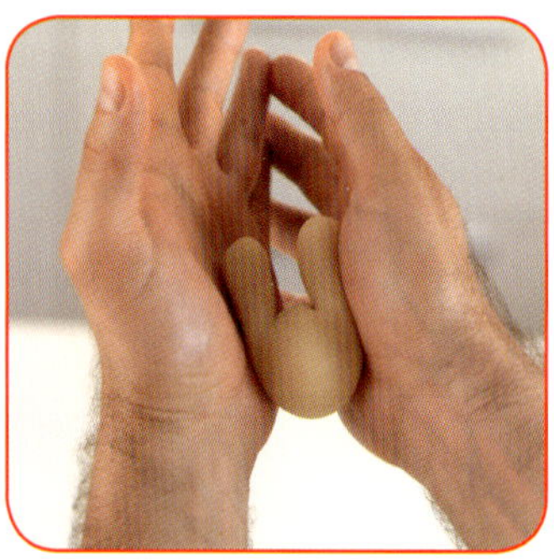

Piegate contemporaneamente le due estremità allungate.

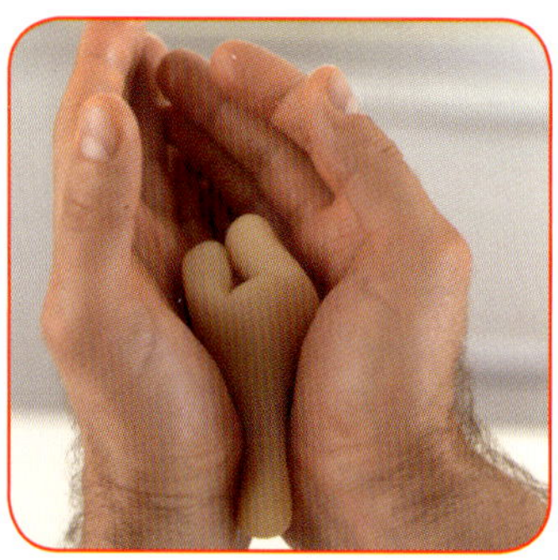

Allungate nuovamente la parte centrale formando un'altra estremità: avrete così plasmato il terzo arto.

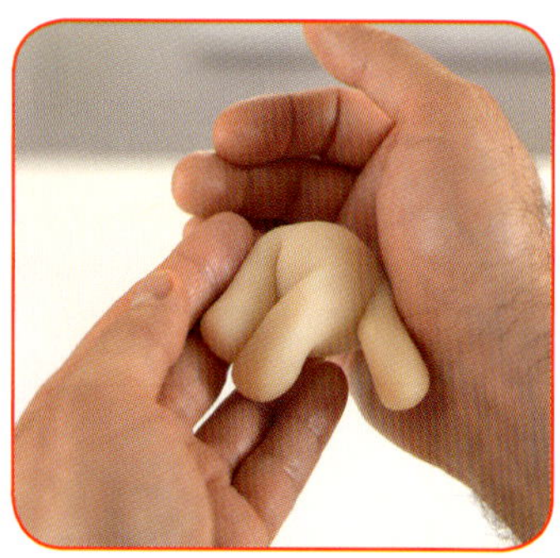

Piegate l'ultimo arto creato su un lato.

i soggetti umani. Una volta realizzati i 4 arti, si ottiene un corpo-base che potrà essere personalizzato con la testa e la posizione: seduto, sdraiato a pancia in giù o in su.

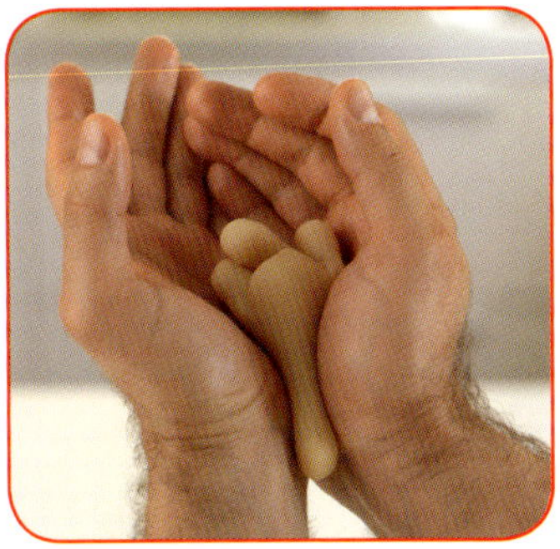

Allungate nuovamente la parte centrale formando un'altra estremità: avrete così plasmato il quarto e ultimo arto.

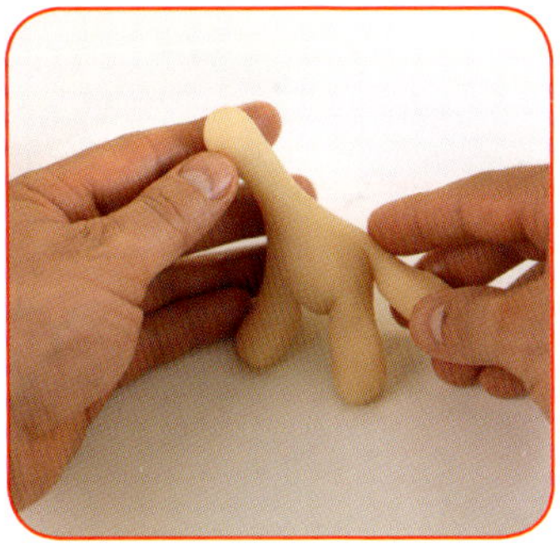

Prendete il soggetto e appoggiatelo sul piano di lavoro allargando gli arti con le mani. Otterrete così la base per il corpo dei vostri personaggi.

IL CONSIGLIO

Questa tecnica è stata utilizzata più volte all'interno del volume. È infatti alla base dell'elefantino (p. 32), della maialina (p. 54) e del Babbo Natale (p. 58). Questi corpi si sarebbero potuti ottenere anche realizzando singolarmente le diverse parti e attaccandole successivamente, ma il risultato finale sarebbe stato decisamente meno pulito e preciso.

corpo seduto

Posizionate seduto il corpo del soggetto e spostate le braccia e le gambe in modo da creare un movimento naturale nel soggetto.

corpo a pancia in giù

Posizionate il corpo a pancia in giù, muovendo leggermente le braccia e le zampe (in foto è raffigurato l'elefantino di p. 32).

corpo a pancia in su

Posizionate il corpo a pancia in su, muovendo le braccia e le zampe (in foto è raffigurata la maialina di p. 54 in una posa alternativa).

un corpo accucciato

Questa è la sequenza di base per realizzare il corpo di un animale accucciato. Si tratta di uno dei rarissimi casi in cui il marzapane viene modellato non solo tra i palmi delle mani ma anche sul piano di lavoro. All'interno del volume questa tecnica è stata utilizzata per plasmare il cucciolo con Fido (p. 39) e il cane bianco e nero (p. 72).

Formate una palla di marzapane arrotolandola tra i palmi delle mani.

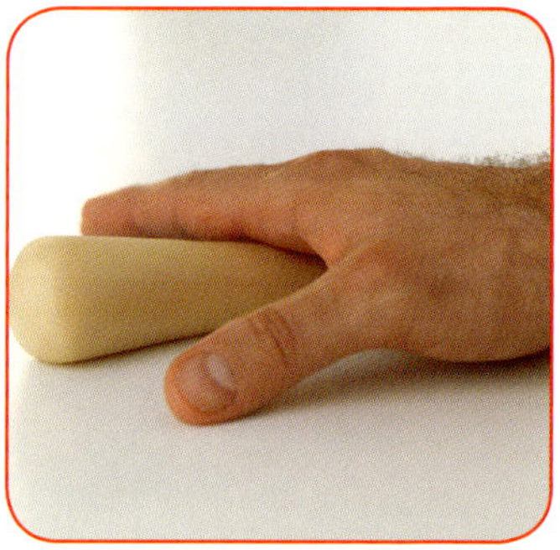

Arrotolate la palla ottenuta sul piano di lavoro formando una sorta di carota.

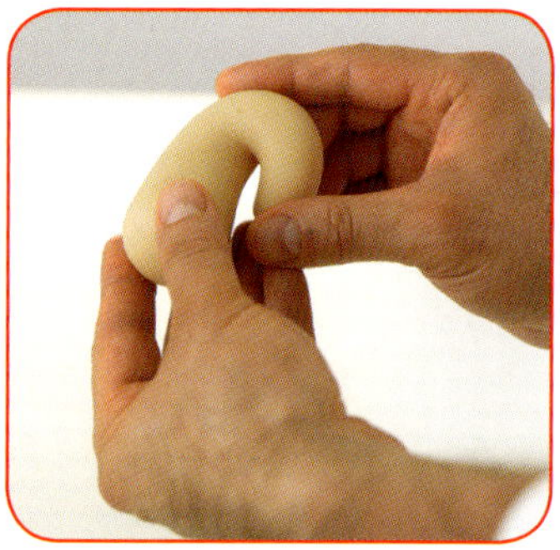

Piegate l'estremità allungata della carota al di sotto della parte più spessa.

Con un movimento rotatorio delle due mani allungate un po' di marzapane formando la coda.

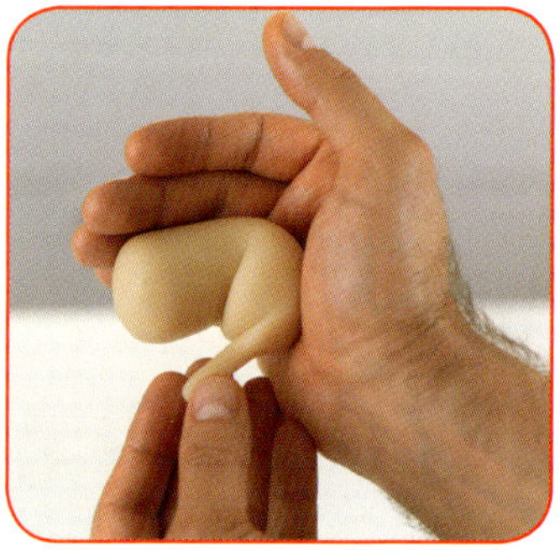

Tenendo con una mano il soggetto, con l'altra mano ripiegate la coda verso l'interno.

Otterrete così il corpo dell'animale accucciato su un fianco.

la testa di un cane

Questa tecnica si utilizza per modellare la testa di un cane. In questo volume è stata seguita per realizzare la testa del cane bianco e nero (p. 72); alcuni passaggi servono inoltre per formare la testa di Fido (p. 36).

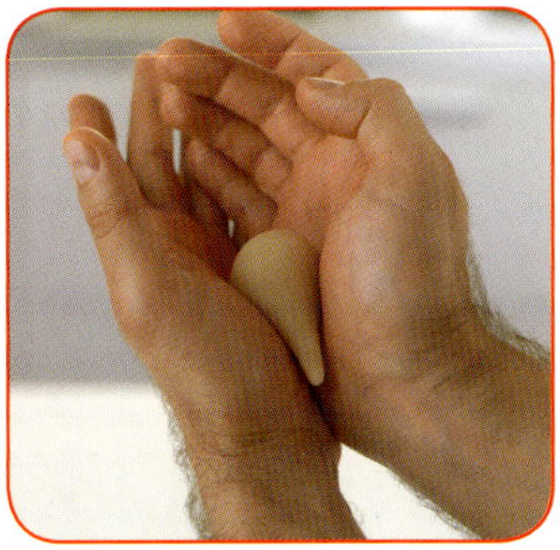

Formate una pallina arrotolandola tra i palmi delle mani. Allungate un'estremità in modo da formare una sorta di pera appuntita: avrete così plasmato il primo orecchio.

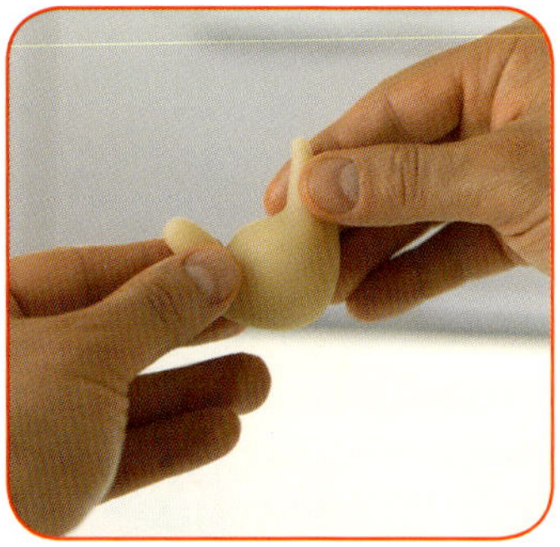

Ripetete l'operazione dalla parte opposta a quella allungata creando una sorta di pera appuntita doppia: ecco il secondo orecchio. Piegate le due orecchie.

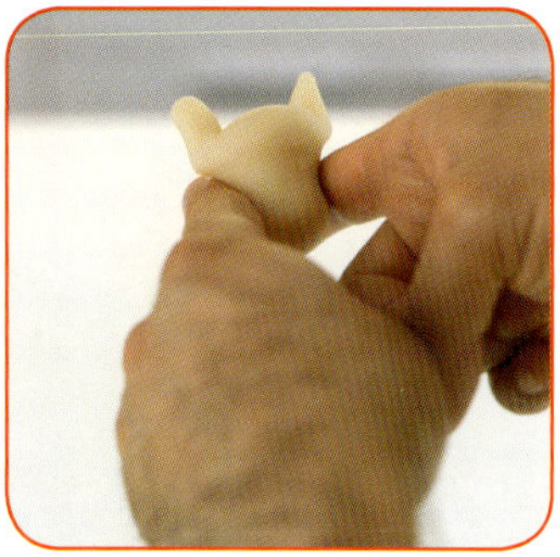

Plasmate il muso allungando la parte centrale della pallina tra l'indice della mano destra e quello della mano sinistra.

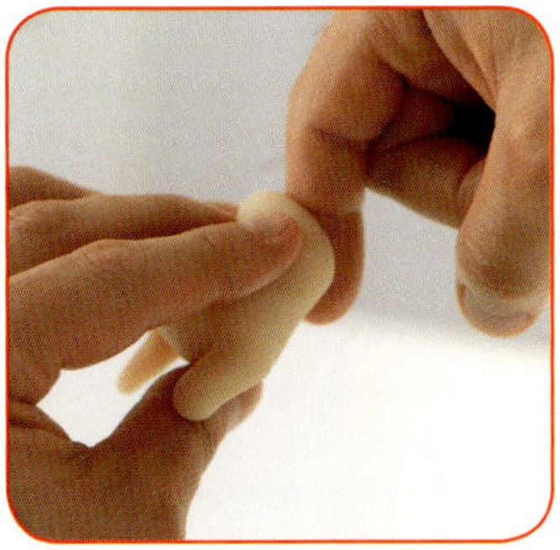

Tenete la testa tra indice, medio e pollice e, con l'indice dell'altra mano, formate l'incavo della bocca. Schiacciate indice e medio per definire il muso.

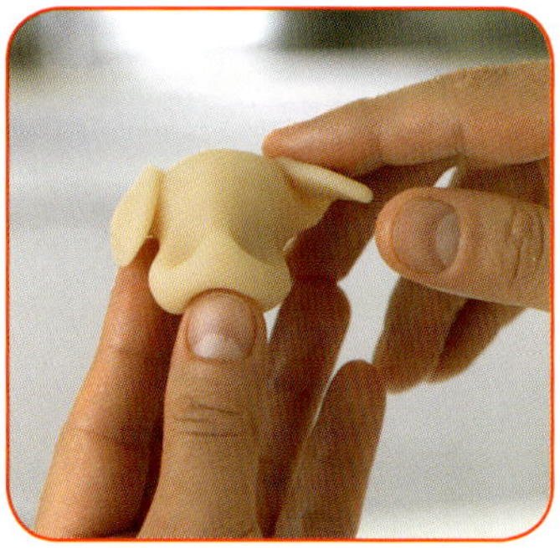

Schiacciate le orecchie tra pollice e indice. Date movimento alle orecchie piegandole in giù o a piacere.

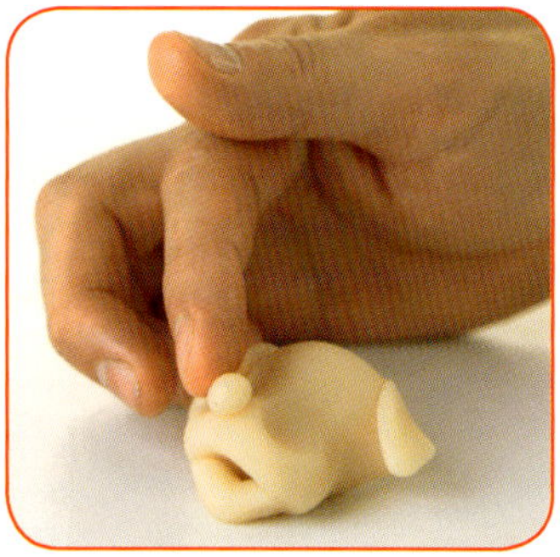

Completate il muso con una pallina di marzapane per il naso e un salsicciotto di marzapane per la bocca (applicatelo nella parte inferiore dell'incavo).

le mani

In queste due pagine viene descritta la tecnica per realizzare le mani, più complesse e dettagliate oppure in una versione stilizzata. Le prime sono state utilizzate per la scimmia (p. 64), le seconde per il Babbo Natale (p. 58). Per le mani a 5 dita vi occorreranno il coltellino

mani a 5 dita

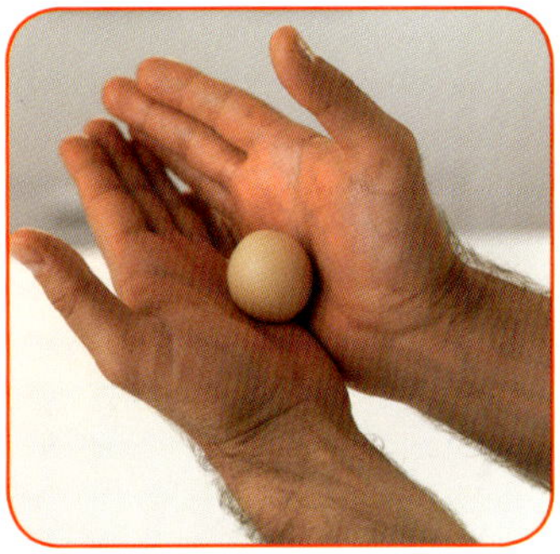

Formate una pallina di marzapane arrotolandola tra i palmi delle mani.

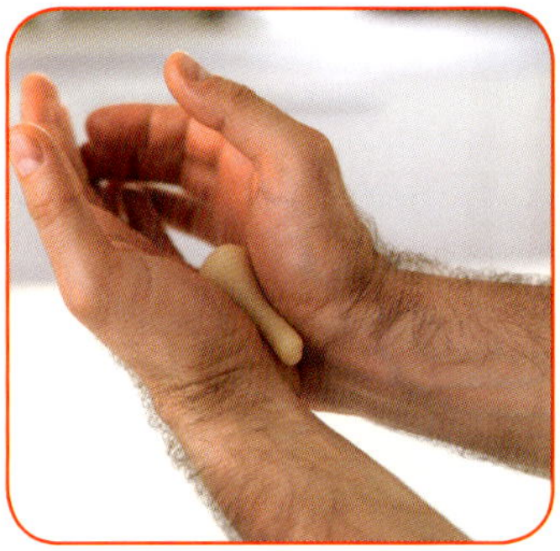

Sempre con i palmi delle mani allungate un'estremità in modo da formare una sorta di pera.

Piegate contemporaneamente le due estremità così ottenute.

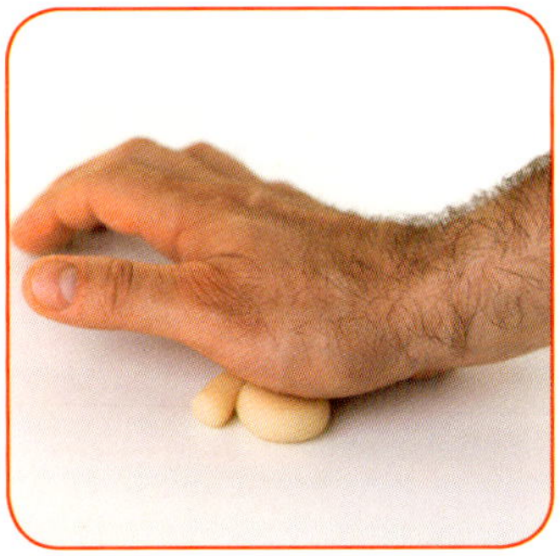

Schiacciate leggermente con il palmo della mano.

Con il coltellino praticate quattro tagli in modo da formare le dita.

Tagliate la parte finale delle dita (vi consigliamo di procedere dal mignolo al pollice).

e il ball tool a punta piccola. È importante che le mani "semplici" vengano plasmate contemporaneamente: in questo modo sarà più facile esercitare sul marzapane la stessa pressione e quindi ottenere due mani di identiche dimensioni.

Con i polpastrelli arrotondate le estremità delle dita e date senso di rotondità muovendole leggermente.

Incidete le unghie con il ball tool a punta piccola.

Con i polpastrelli donate alla mano la postura desiderata.

mani stilizzate

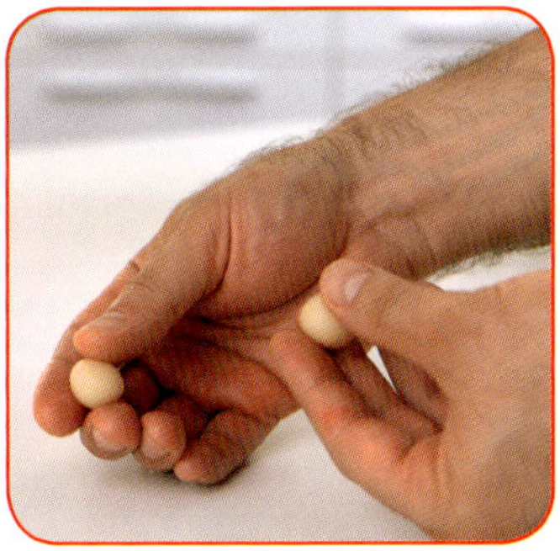

Formate tra indice e pollice due palline di marzapane contemporaneamente.

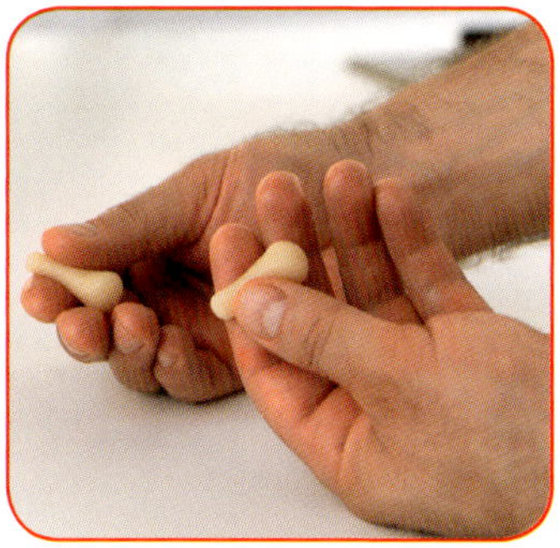

Allungate un'estremità fino a ottenere la forma di piccole pere.

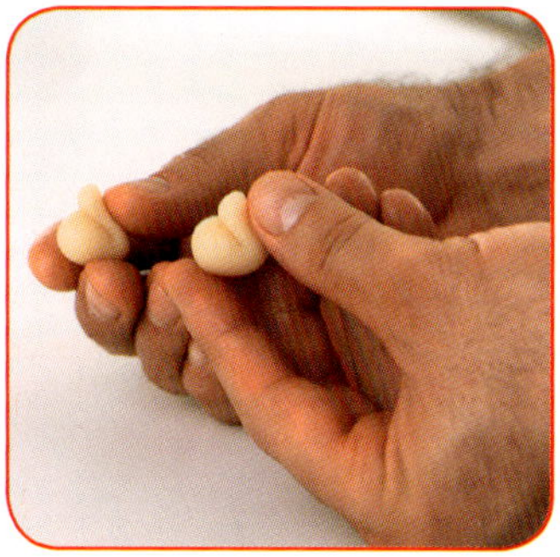

Ripiegate l'estremità allungata verso la parte più spessa in modo da formare il pollice.

gli occhi

Per un risultato ottimale vi suggeriamo di iniziare posizionando il naso sul soggetto, in modo da avere un punto di riferimento. Per semplicità questa procedura non è stata specificata in ogni progetto, ma sarebbe sempre opportuno seguirla.

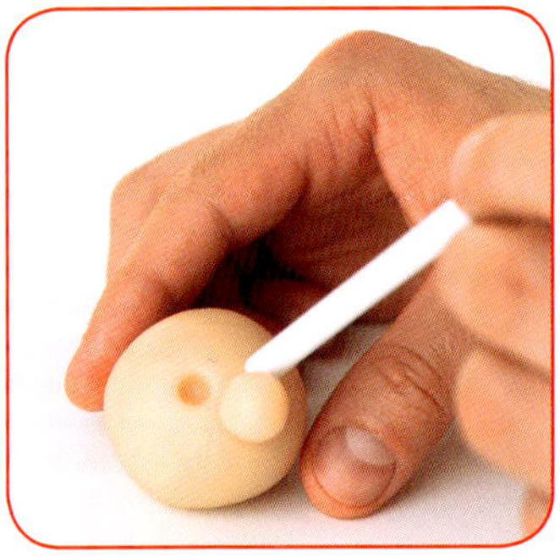

Con il ball tool a punta piccola formate due incavi appena sopra il naso del soggetto.

Inserite negli incavi due palline di pasta di zucchero (la trovate già pronta; è bianca e quando non specificato nel procedimento va utilizzata senza colorarla).

Formate le palpebre con pezzetti di marzapane. Togliete il naso e attaccate le palpebre sopra e sotto gli occhi.

Con l'apposito attrezzo praticate una leggera incisione in modo da staccare appena l'occhio dalla palpebra: darete maggiore profondità e naturalezza.

Con il pennellino e il colorante nero in pasta disegnate le pupille e le ciglia. Riattaccate il naso.

IL CONSIGLIO

Il naso è un importante punto di riferimento per realizzare gli occhi. Per conferire al soggetto un'espressione giovane e simpatica, infatti, gli occhi devono essere molto vicini tra loro e al naso. Una volta formati gli incavi, però, il naso va tolto per agevolare i passaggi successivi.

i particolari

Qui sono illustrate le tecniche da seguire per realizzare alcuni dettagli comuni a molti dei soggetti presenti nelle pagine successive, o che comunque potrete utilizzare per plasmare altre figure che vi suggerirà la vostra fantasia.

orecchie

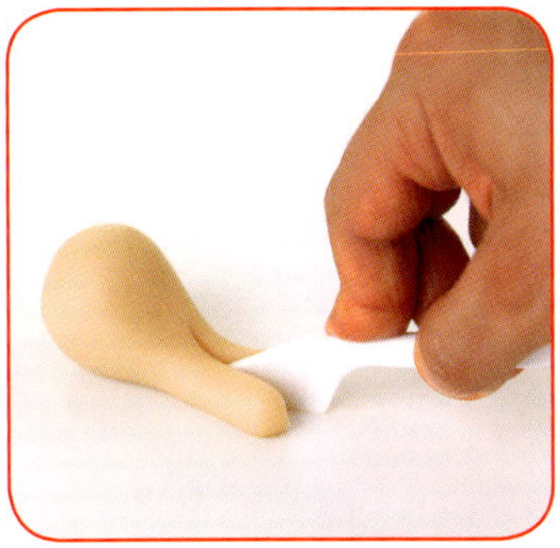

Allungate a forma di pera una pallina di marzapane. Con il coltellino tagliate a metà l'estremità allungata. Servono per il coniglio o i cani.

erba e capelli

"Spremete" un pezzo di marzapane con uno spremiaglio e staccate i fili con il coltellino. Con la stessa tecnica si può ottenere la paglia.

marzapane variegato

Formate una palla di marzapane e attaccatevi dei pezzetti di uno o più colori diversi. Arrotolate tra i palmi formando una palla.

pelo

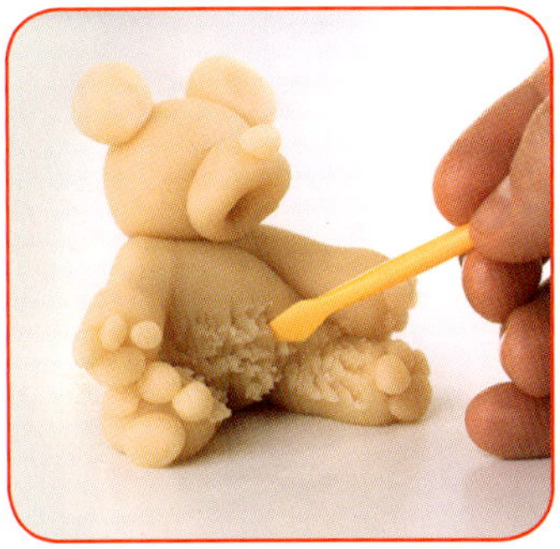

Con il coltellino, dal basso verso l'alto, fate piccoli taglietti uno vicino all'altro. In questo stesso modo si può creare l'effetto della barba.

criniera

Formate una striscia di marzapane, appiattitela con il palmo e incidetela con il coltellino solo su un lato. Serve per il leone, le zebre e i cavalli.

zampe

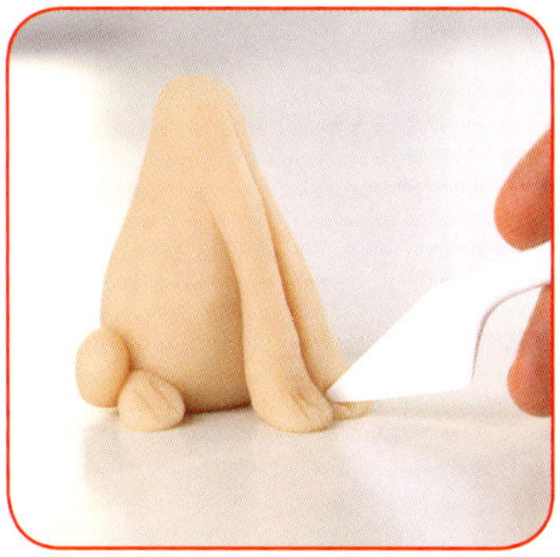

Per le zampe anteriori segnate con il coltellino il marzapane, così da ottenere due arti. Questa tecnica va bene anche per le dita degli animali.

la tovaglietta

Ecco un elemento perfetto per accompagnare il cestino di verdure che vi proponiamo a p. 92. Con questa stessa tecnica potete realizzare tessuti per bambole, fiocchi ecc. Se volete arricchire la trama potete usare anche sei colori diversi. Per evitare che la pasta di zucchero si attacchi

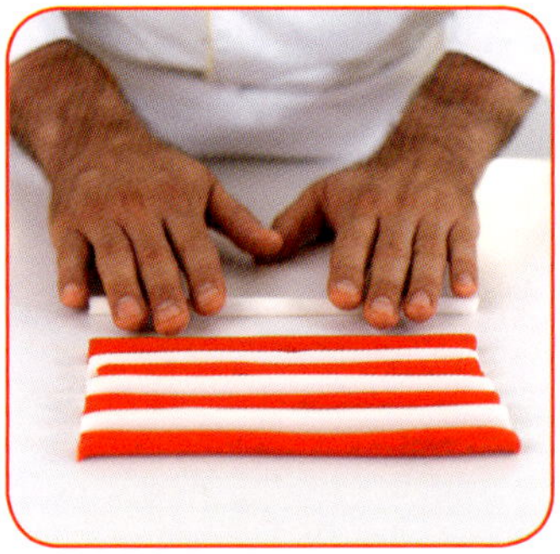

Formate dei salamini di pasta di zucchero di due diversi colori. Stendeteli sul piano di lavoro con le dita.

Spennellate i bastoncini ottenuti con un pennellino intinto in poca acqua.

Impilate i bastoncini su due righe parallele alternando i colori.

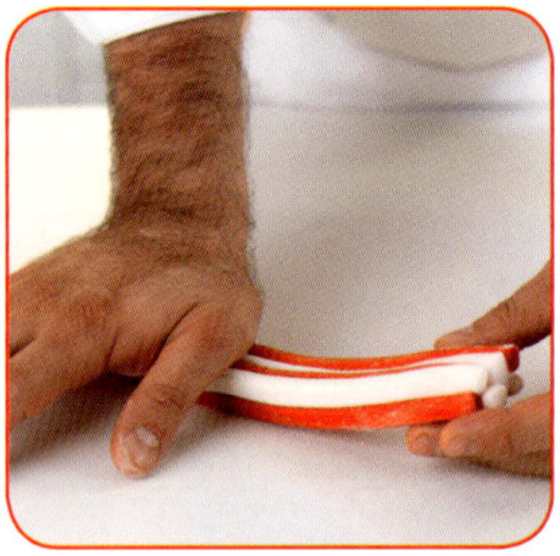

Spolverizzate il piano di lavoro con lo zucchero a velo e schiacciate i bastoncini con il palmo della mano, esercitando una leggera pressione.

Con un coltellino dividete la striscia ottenuta in due parti uguali.

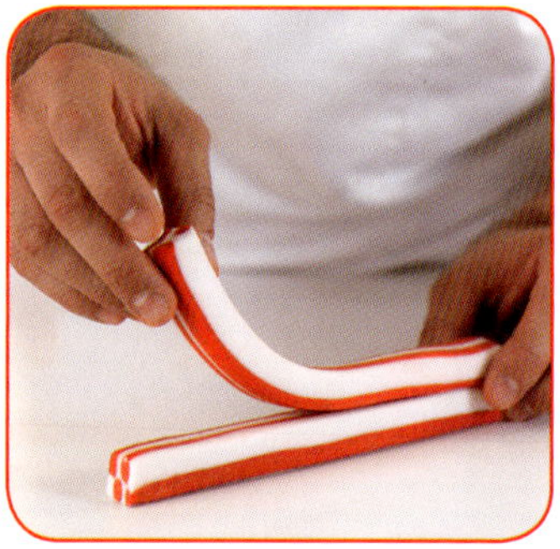

Attaccate le due strisce sfalsando i colori. Per aiutarvi spennellate la superficie da attaccare con poca acqua. Premete leggermente.

al piano di lavoro, vi consigliamo di spolverizzarlo con dello zucchero a velo; infine, per un risultato ottimale, ricordatevi, nei passaggi in cui dovete esercitare una leggera pressione, di schiacciare in modo uniforme sui quattro lati per mantenere una forma squadrata.

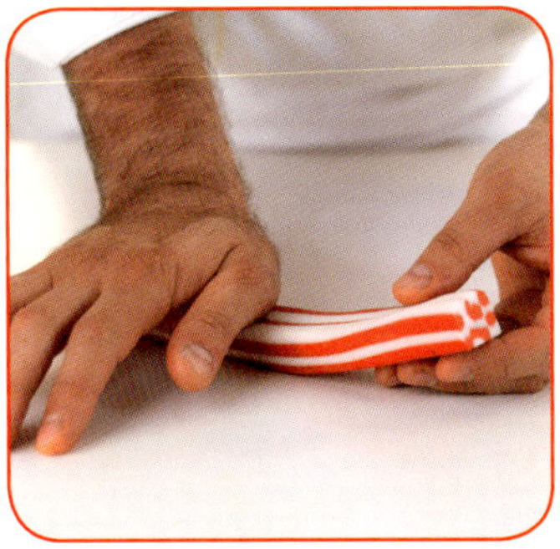

Spolverizzate il piano di lavoro con altro zucchero a velo e schiacciate leggermente il salsicciotto con il palmo della mano.

Con il matterello in silicone stendete la pasta di zucchero sul piano di lavoro infarinato. Con il coltello ricavate una forma quadrata e spennellatela con poca acqua.

Dal salsicciotto bicolore precedentemente ottenuto con un coltellino ricavate delle fettine di pasta di zucchero dello stesso spessore.

Disponete le fettine ben vicine una accanto all'altra sul quadrato di pasta di zucchero, in modo da ricoprirlo tutto.

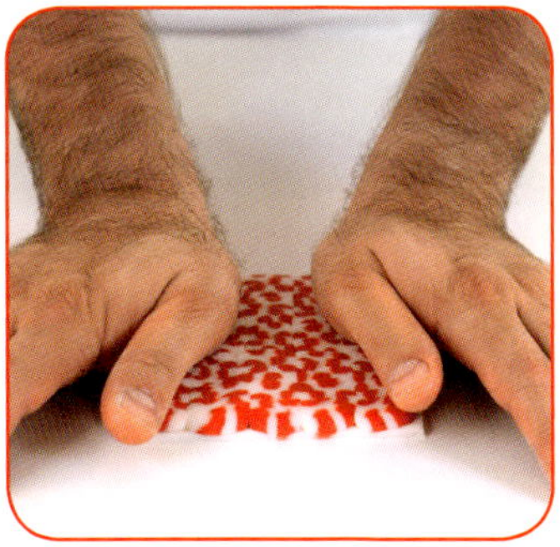

Premete bene con i palmi delle mani in modo da attaccare tutti i quadratini.

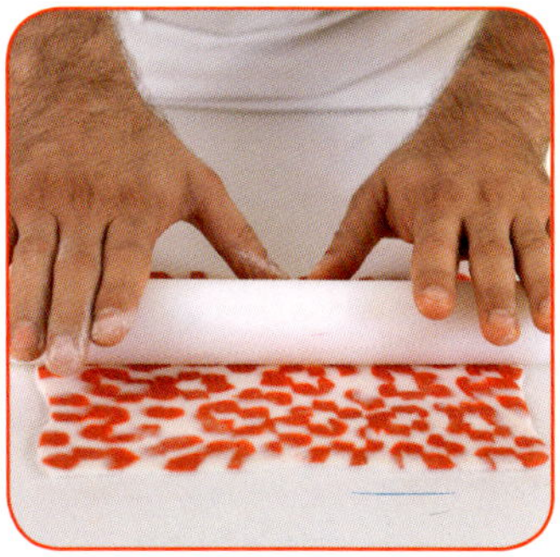

Stendete con il matterello da tutti e quattro i lati in modo da ottenere una tovaglietta uniforme.

l'impasto per steccodolci

Essenziale per la buona riuscita di uno steccodolce è la densità dell'impasto, che deve risultare morbido e umido, ma abbastanza compatto per permettervi di modellarlo. Fondamentale è quindi il giusto equilibrio tra i tre ingredienti di base: pan di Spagna, latte e confettura. A piacere, potete sostituire quest'ultima con una crema spalmabile a base di nocciole, cacao o gianduia, con del mascarpone o altro formaggio spalmabile oppure potete aggiungere all'impasto delle gocce di cioccolato fondente. Per la glassatura si utilizza dello zucchero fondente che, per un risultato ottimale, vi suggeriamo di acquistare già pronto. Prima di utilizzarlo va riscaldato a bagnomaria o al microonde; si può utilizzare neutro oppure lo si può colorare con dei coloranti alimentari in polvere.

che cosa ti occorre?

Ingredienti per 480 g di impasto

- 300 g di pan di Spagna
- 0,80 dl di latte intero
- 100 g di confettura di albicocche

per la glassa

- 400 g di zucchero fondente

Frullate il pan di Spagna con l'aiuto di un cutter fino a ridurlo in briciole grossolane. Unite il latte e la confettura.

Mescolate bene con una spatola.

Compattate bene il composto con le mani, poi formate delle palline arrotolandole tra le mani. Infilate ciascuna pallina nello stecco, quindi congelatele per almeno 2-3 ore.

Immergete le palline nello zucchero fondente caldo tenendole dallo stecco. Lo zucchero può essere colorato a piacere con coloranti alimentari in polvere.

Scolate bene le palline in modo da eliminare lo zucchero fondente in eccesso ed evitare la formazione di grumi.

Riponetele ad asciugare infilando gli stecchi su una base di polistirolo ben distanziati tra loro, in modo che le palline non si tocchino.

Per una variante, mettete l'impasto in uno stampo di silicone a forma di girella (o altre forme a piacere) con il suo stecco. Livellate bene con una spatola e congelate per almeno 2-3 ore. Glassate con lo zucchero fondente.

PAN DI SPAGNA

(ingredienti per circa 800 g)

160 g di tuorli
e 240 g di albumi
(circa 8 uova medie),
200 g di zucchero,
160 g di farina 180 W
(farina debole per dolci),
40 g di fecola di patate,
30 g di burro per lo stampo

Scaldate sul fuoco albumi e zucchero. Trasferite il tutto nella planetaria e montate. Unite i tuorli sbattuti a filo, la farina e la fecola setacciate. Imburrate e infarinate una tortiera di 26 cm di diametro e riempitele con l'impasto. Cuocete in forno a 180 °C e controllate la cottura con l'aiuto di uno stuzzicadenti: il pan di Spagna sarà pronto quando, infilzando al centro lo stuzzicadenti, questo uscirà asciutto. Se vi avanza del pan di Spagna potete congelarlo.

CORBARA

MARZAGIOCHI

Come soddisfare un orsetto sempre a caccia di golosità? Con un bel barattolo di miele per fare scorpacciate di dolcezza nel bosco.

ORSETTO GOLOSO

che cosa ti occorre?

- 300 g di marzapane
- 10 g di pasta di zucchero
- colorante alimentare marrone chiaro e scuro in polvere
- colorante alimentare giallo in polvere
- colorante alimentare bianco in polvere
- colorante alimentare nero in pasta

per gli elementi accessori

- colorante alimentare in polvere verde per l'erba (vedi p. 21); rosso e giallo per i fiori (vedi box p. 31); marrone scuro per le impronte (vedi box p. 31)

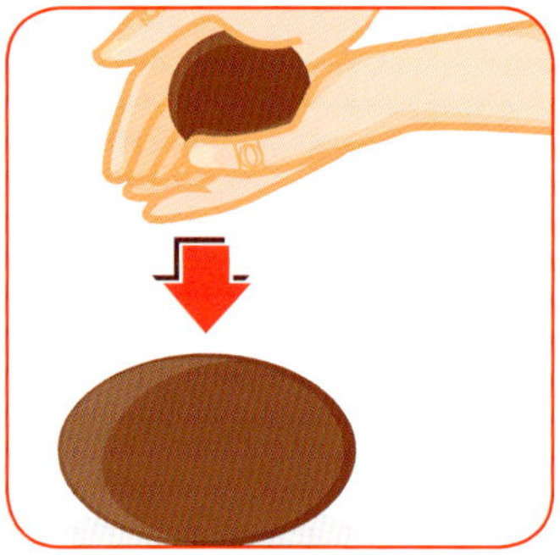

1

Formate con il marzapane marrone scuro una pallina e allungatela tra i palmi delle mani formando una sorta di uovo.

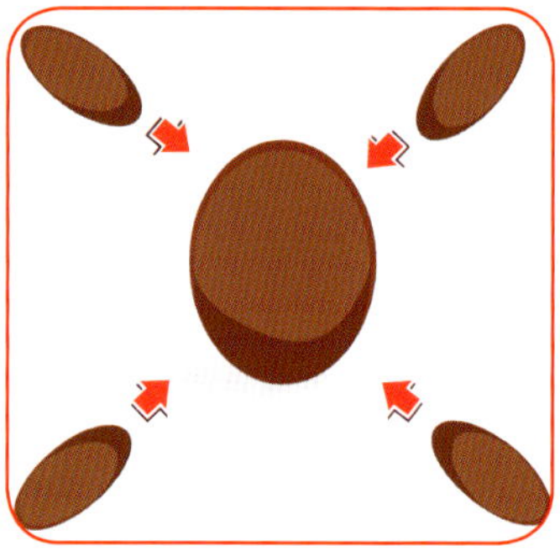

2

Disponetelo sul piano di lavoro in piedi e attaccatevi i quattro arti, realizzati allungando a forma di ovale e assottigliando tra i palmi delle mani delle palline di marzapane marrone scuro.

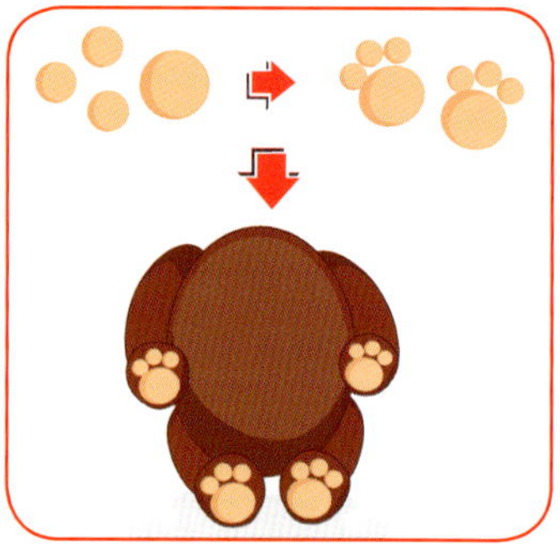

3

Piegate le braccia in modo da creare movimento e attaccatevi i polpastrelli e la pianta delle zampe realizzati con palline di marzapane marrone chiaro leggermente appiattite.

HONEY

4

Attaccate poi anche la pancia realizzata con una pallina di marzapane marrone chiaro schiacciata e modellata fino a renderla ovale.

5

Per la testa, formate una pallina di marzapane marrone scuro e attaccatela sopra il corpo dell'orsetto.

6

Con il marzapane marrone chiaro formate le orecchie e decoratele con il coltellino.

7

Formate poi il muso, sempre con il marzapane marrone chiaro, e attaccatelo alla testa. Per la bocca, create una cavità con il ball tool a punta piccola.

8

Realizzate il naso con una pallina di marzapane marrone scuro e attaccatela al muso.

I CONSIGLI

Per garantire più stabilità ai soggetti alti, come questo orsetto, una volta completato il corpo e prima di appoggiarvi la testa, inserite uno spiedino di legno senza punta nel corpo.
Un altro consiglio, quando si modella il marzapane, è quello di pulirsi le mani con un panno umido a ogni cambio di colore, in modo da non macchiare i soggetti.

9

Con il ball tool a punta piccola create due incavi per gli occhi e inseritevi due palline di pasta di zucchero. Formate le palpebre con pezzetti di marzapane marrone scuro e attaccatele sopra e sotto gli occhi.

10

Con il pennellino e il colorante nero in pasta disegnate le pupille, le ciglia e i puntini dei peli sul muso.

I DETTAGLI

Per le **impronte** prendete dei pezzetti di marzapane marrone scuro, fate delle palline e schiacciatele in modo da appiattirle dando loro una forma tonda e ovale. Per i **fiori**, modellate delle palline col marzapane del colore che preferite: create il pistillo al centro e disponete i petali tutt'attorno, bucandoli al centro con il ball tool a punta piccola.

11

Con il coltellino, partendo dal basso del soggetto e andando verso l'alto, realizzate piccoli taglietti uno vicino all'altro, formando il pelo dell'orsetto.

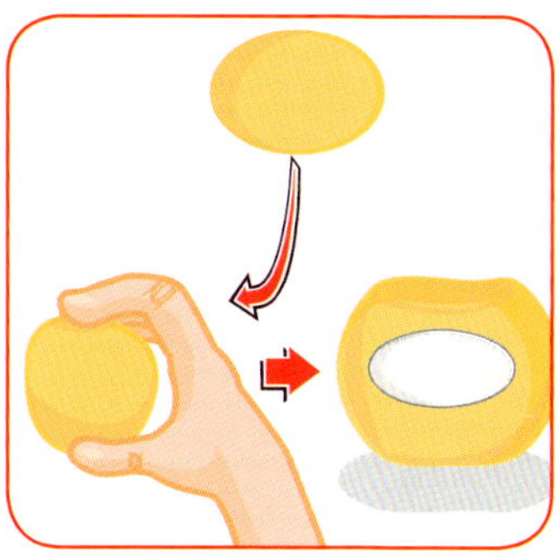

12

Formate una pallina con il marzapane giallo, datele una forma ovale, schiacciate le due estremità in modo da renderle piatte e applicatevi una striscia di marzapane bianco.

13

Scrivetevi sopra la parola "honey" (miele) con il colorante nero in pasta e incidete l'etichetta lungo i bordi con il coltellino. Sistemate il vaso tra le zampe dell'orsetto.

Un salto nella giungla per scoprire e riprodurre con il marzapane un cucciolo di elefante, dolce e buffo. La parte più divertente del gioco? Creare proboscide, coda e... due grandissime orecchie.

ELEFANTINO TINO

che cosa ti occorre?

- 300 g di marzapane
- 10 g di pasta di zucchero
- colorante alimentare grigio in polvere
- colorante alimentare nero in pasta

per gli elementi accessori

- colorante alimentare in polvere arancione, giallo, fucsia e bianco per i fiori (vedi box p. 31; per quelli verticali infilate uno stecco di plastica nel marzapane)

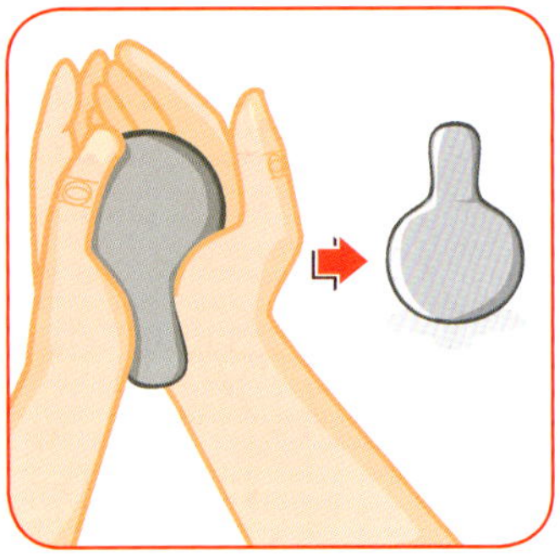

1

Formate una palla di marzapane grigio arrotolandola tra i palmi delle mani. Allungate poi un'estremità, sempre con i palmi delle mani, in modo da formare una sorta di pera.

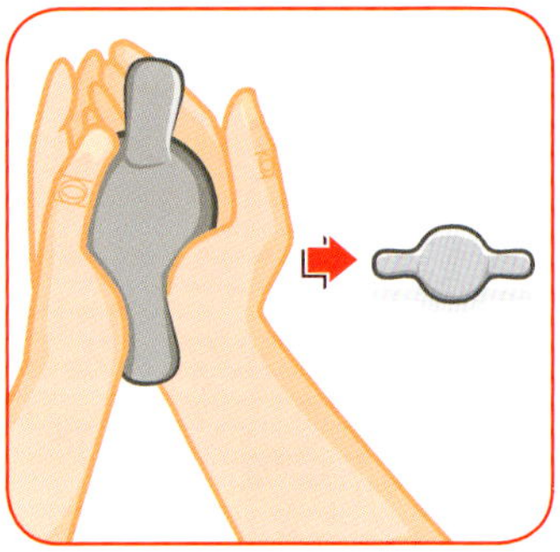

2

Ripetete l'operazione dalla parte opposta a quella allungata formando una sorta di pera doppia.

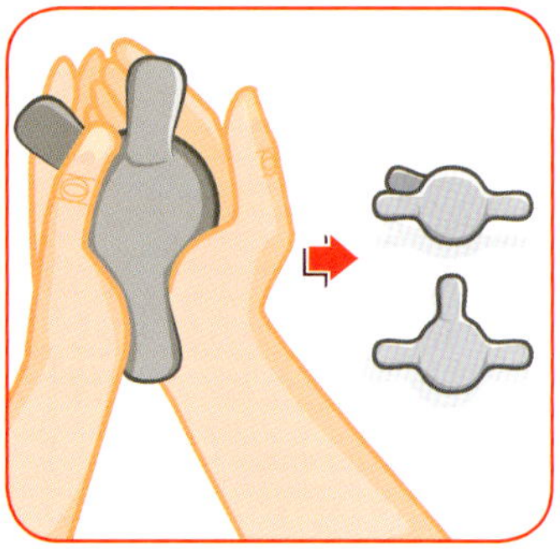

3

Piegate le due estremità allungate e dalla parte centrale allungate nuovamente formando una terza estremità.

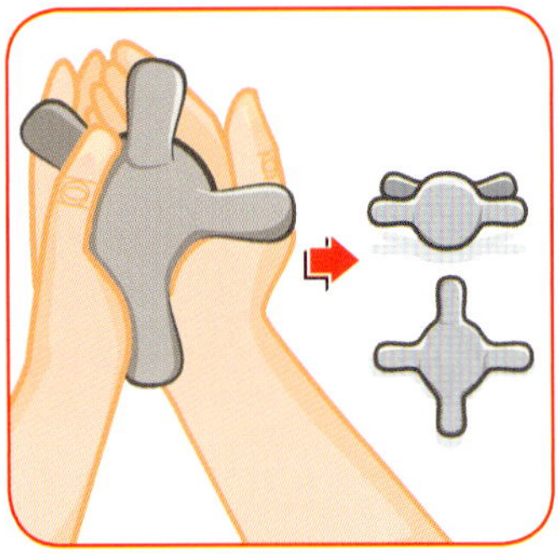

4

Piegate l'ultima estremità creata su un lato e allungate nuovamente la parte centrale ricavando così il quarto e ultimo arto.

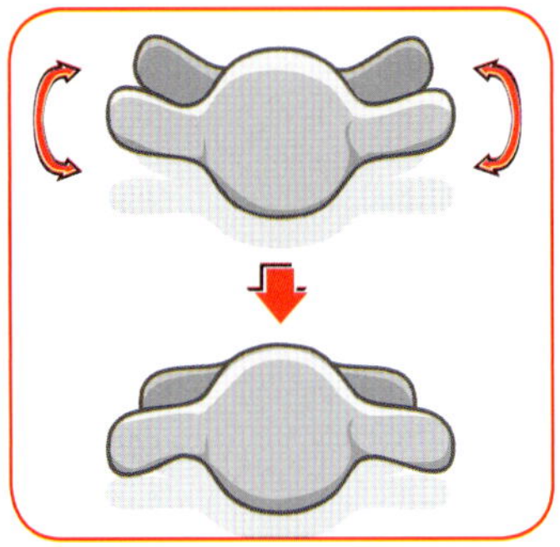

5

Posizionate il corpo dell'elefantino a pancia in giù, sistemando le braccia e le zampe in modo da creare un movimento naturale nel soggetto.

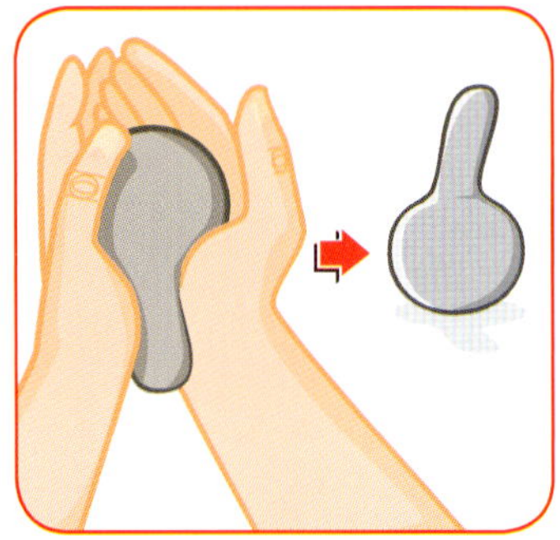

6

Allungate un'altra pallina di marzapane grigio con i palmi delle mani formando la testa con la proboscide.

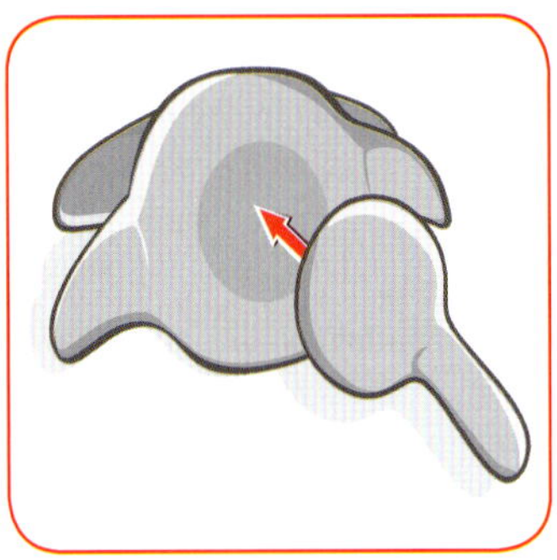

7

Attaccate la testa al corpo disponendola in mezzo alle due zampe anteriori.

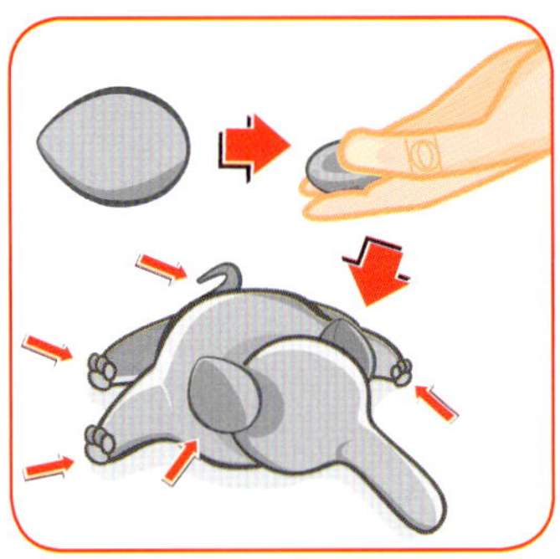

8

Attaccate ora i vari complementi, tutti realizzati con il marzapane grigio: le orecchie, i polpastrelli, la pianta delle zampe e la coda (per realizzarli vedi box a fianco).

I DETTAGLI

Per le **orecchie**, lavorate due palline di marzapane tra pollice e indice e schiacciatele dando loro una forma a goccia. Realizzate i **polpastrelli** e le **piante delle zampe** appiattendo delle palline di marzapane che applicherete poi alle zampe. Per la **coda**, allungate una pallina su un palmo, posizionatela sul corpo con il pollice e l'indice e arricciatela.

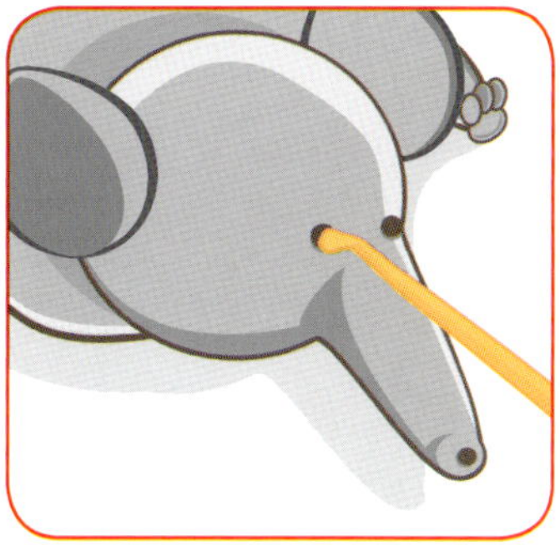

9

Con il ball tool a punta piccola praticate un foro all'estremità della proboscide e formate due incavi per gli occhi appena sopra la proboscide.

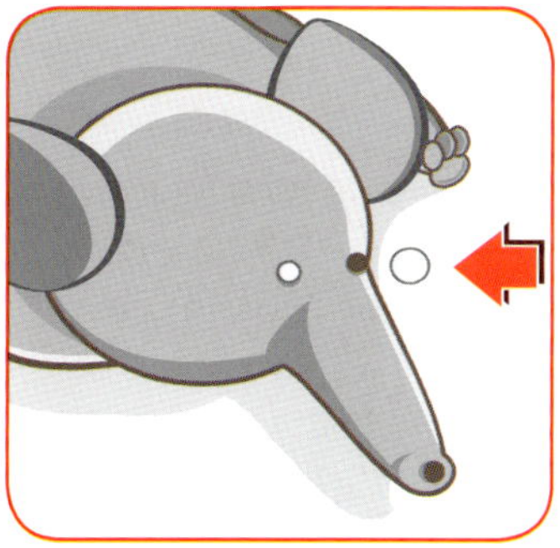

10

Inserite negli incavi creati per gli occhi due palline di pasta di zucchero.

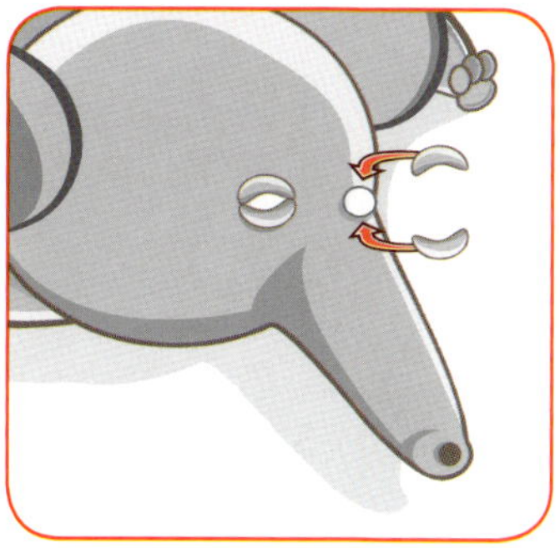

11

Formate le palpebre con pezzetti di marzapane grigio e attaccatele sopra e sotto gli occhi.

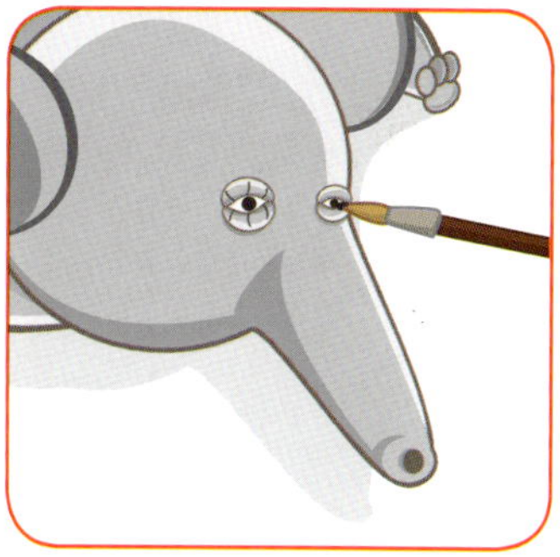

12

Con il pennellino e il colorante nero in pasta disegnate le pupille e le ciglia. Con il coltellino realizzate le pieghe delle gambe, della proboscide e della pancia e il ciuffetto in mezzo alla fronte.

Fido e il suo cucciolo sono affamati! Basterà l'osso nella ciotola per accontentarli? Dalla loro espressione si direbbe di no...

AMICO FIDO

che cosa ti occorre?

- 300 g di marzapane
- 10 g di pasta di zucchero
- colorante alimentare marrone scuro in polvere
- colorante alimentare rosso in polvere
- colorante alimentare nero in pasta

per gli elementi accessori

- colorante alimentare in pasta nero per la scritta; in polvere giallo, grigio e rosa perlato per la ciotola e l'osso (vedi box p. 38); verde per l'erba (vedi p. 21); marrone chiaro per le impronte (vedi box p. 31)

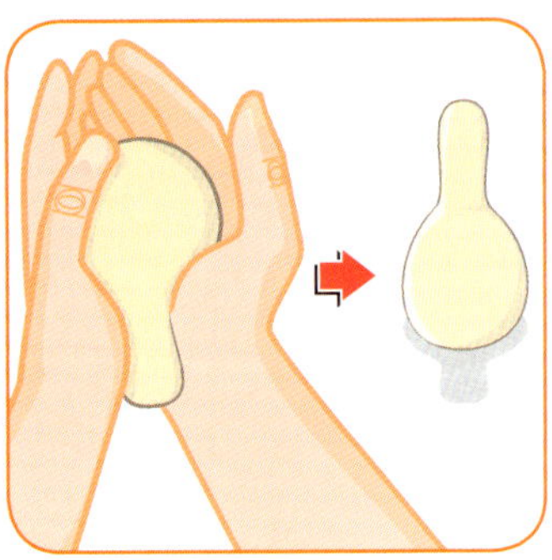

1

Con il marzapane neutro formate una pallina e datele la forma di una pera allungando bene un'estremità.

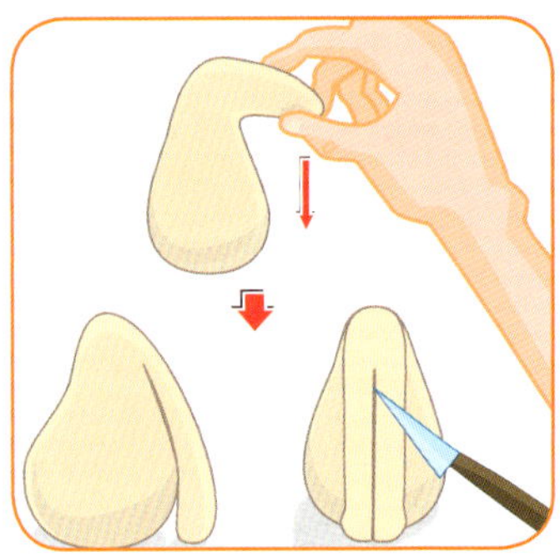

2

Ripiegate questa estremità verso la parte grossa della pera, incidetela con il coltellino in modo da dividerla a metà e formare così due zampe.

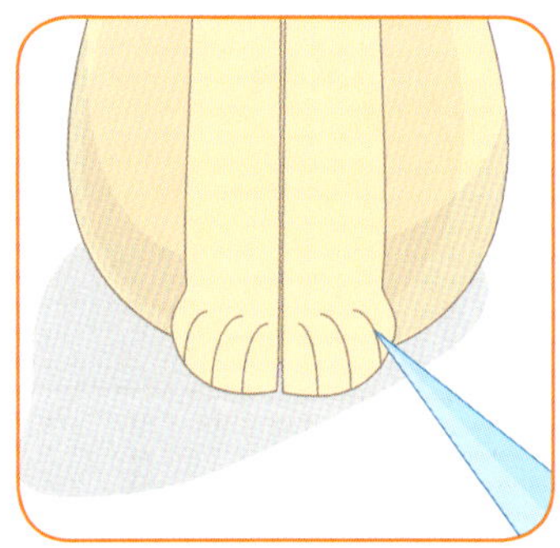

3

Con il coltellino segnate l'estremità delle zampe formando le dita.

FIDO

I DETTAGLI

Per la **ciotola** create una pallina di marzapane grigio, schiacciatela leggermente sul piano di lavoro e con il pollice formate un incavo. Attaccatevi un pezzetto di marzapane giallo e con il pennellino e il colore nero in pasta scrivete il nome. Per l'**osso**, fate una pallina con il marzapane rosa, pressatela al centro con i due indici e segnate i lati con il coltellino.

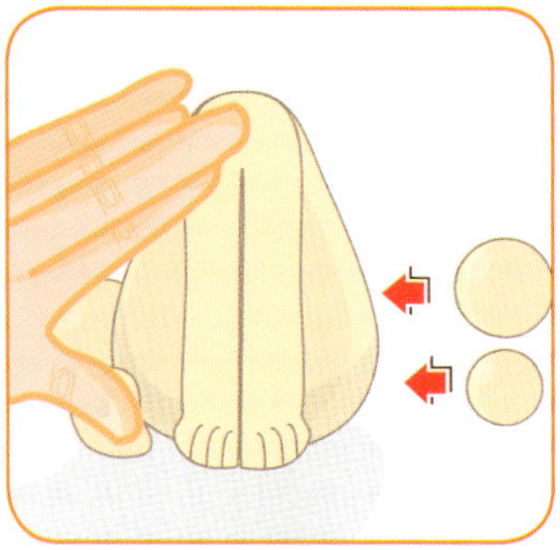

4

Per le zampe posteriori, attaccate quattro palline di marzapane neutro (due per parte) e schiacciate col pollice le due più basse. Procedete come al punto 3.

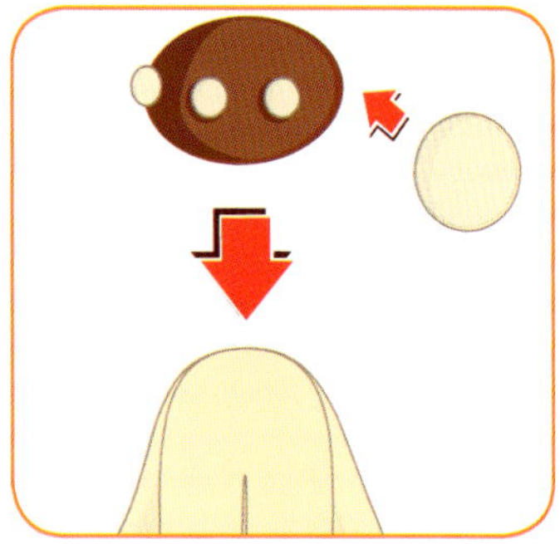

5

Con il marzapane marrone fate una pallina di forma ovale per il collare e attaccatelo all'estremità del collo; decoratelo poi con dei pallini di marzapane neutro.

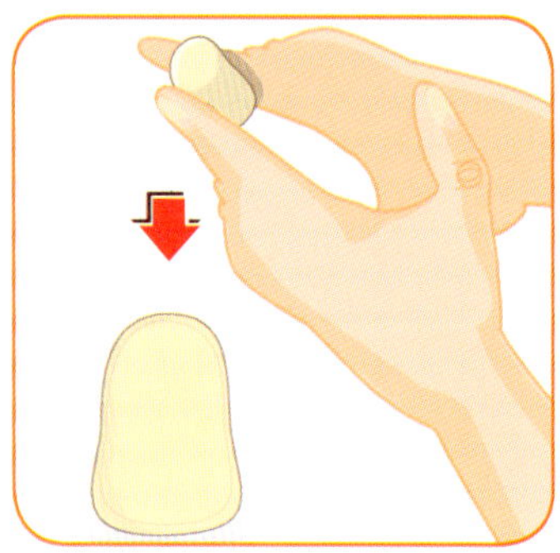

6

Per la testa formate una pallina di marzapane neutro arrotolandola tra i palmi delle mani. Plasmate il muso assottigliando la parte centrale della pallina tra l'indice della mano destra e quello della sinistra.

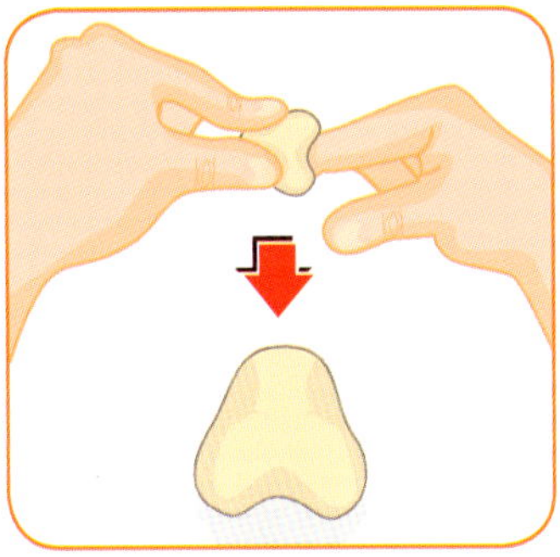

7

A questo punto tenete la testa tra indice, medio e pollice della mano sinistra e con l'indice della mano destra formate l'incavo della bocca.

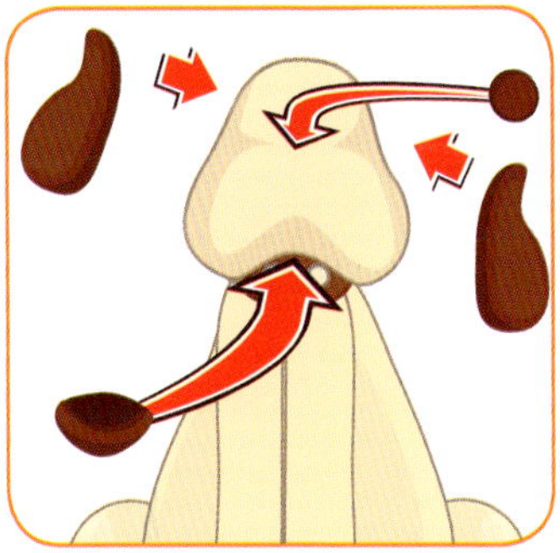

8

Attaccate la testa così ottenuta sul corpo e con il marzapane marrone realizzate le orecchie, la bocca e il naso. Attaccate anche gli elementi appena creati sulla testa di Fido.

9

Con il ball tool a punta piccola formate due incavi per gli occhi al centro della testa. Inserite negli incavi due palline di pasta di zucchero.

10

Formate le palpebre con pezzetti di marzapane neutro e attaccatele sopra e sotto gli occhi. Con il pennellino e il colorante nero in pasta disegnate le pupille.

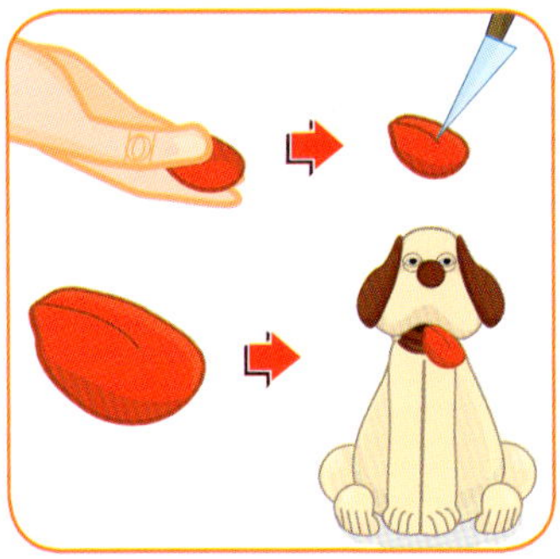

11

Con il marzapane rosso create un pallina ovale, schiacciatela, incidetela al centro con il coltellino e inseritela nel muso formando la lingua.

IL DETTAGLIO

Per il corpo accucciato del **cucciolo**, fate una palla di marzapane e arrotolatela sul piano di lavoro formando una sorta di carota. Piegate la parte allungata sotto la parte più spessa. Con un movimento rotatorio delle due mani allungate un po' di marzapane formando la coda. Tenendo con una mano il soggetto, con l'altra ripiegate la coda verso l'interno. Per la testa seguite il procedimento di Fido.

Vi aspettano mille avventure da vivere insieme a Simba nella sterminata savana: siete pronti a giocare?

RE LEONE

che cosa ti occorre?

- 300 g di marzapane
- 10 g di pasta di zucchero
- colorante alimentare giallo in polvere
- colorante alimentare marrone scuro in polvere
- colorante alimentare rosa perlato in polvere
- colorante alimentare nero in pasta

per gli elementi accessori

- colorante alimentare in polvere bianco e rosso per la bistecca (vedi box p. 43); marrone scuro per le impronte (vedi box p. 31)

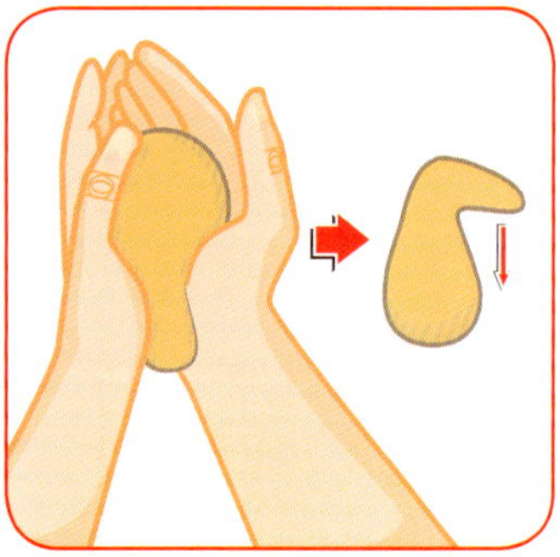

1

Con il marzapane giallo formate una pallina, allungatela tra le mani fino a formare una sorta di pera con l'estremità molto allungata. Ripiegate questa estremità allungata verso la parte grossa della pera.

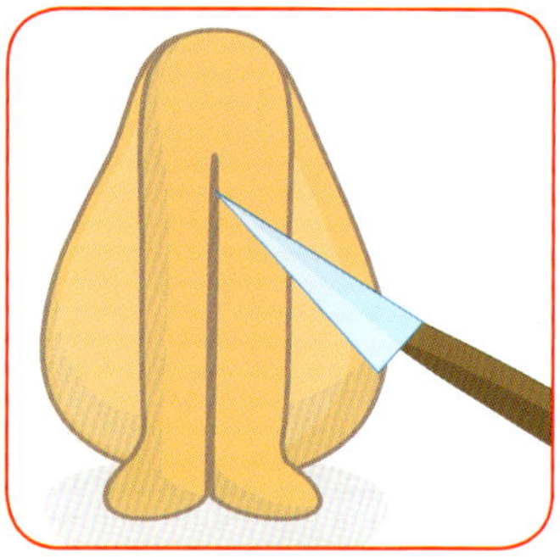

2

Formate le due gambe: incidete con il coltellino questa estremità allungata, in modo tale da dividerla in due parti.

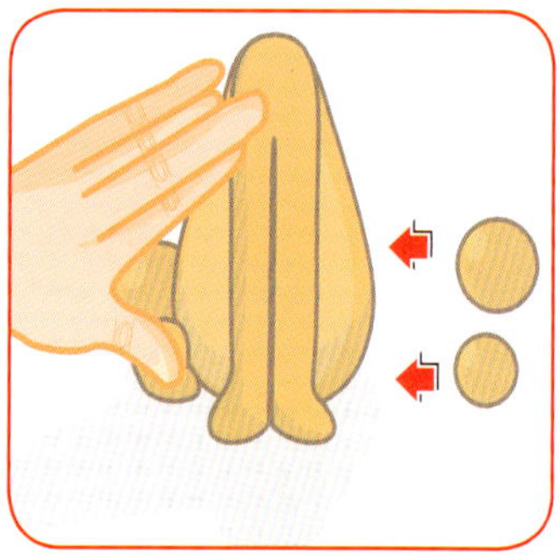

3

Per le zampe posteriori, attaccate quattro palline di marzapane giallo (due per parte) e schiacciate leggermente col pollice le due più basse.

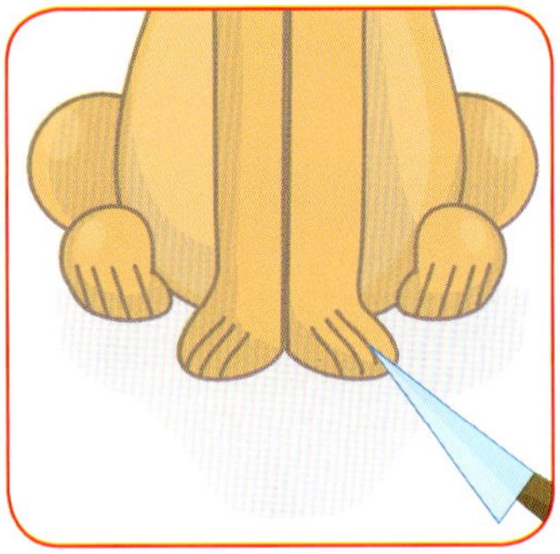

4

Segnate con il coltellino anche le zampe formando così le dita.

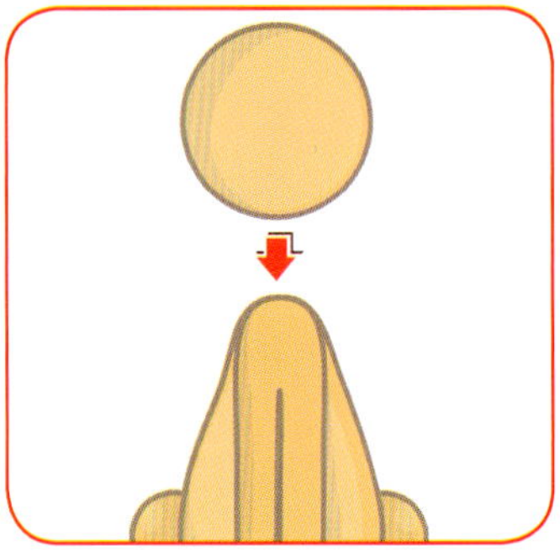

5

Create una pallina con il marzapane giallo e attaccatela sopra il corpo del soggetto per formare la testa.

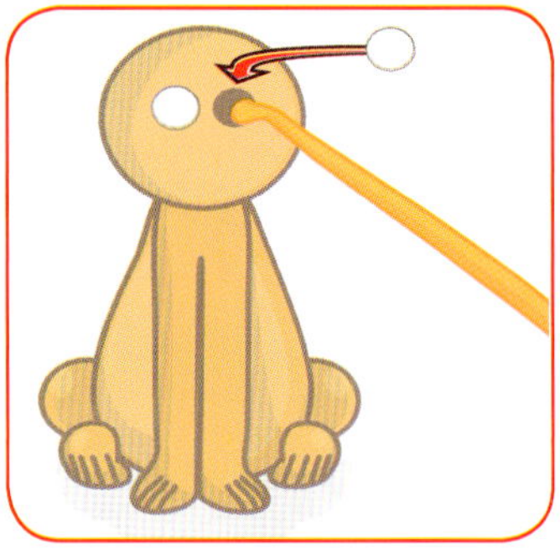

6

Con il ball tool a punta piccola formate due incavi per gli occhi al centro della testa e inserite all'interno due palline di pasta di zucchero.

7

Formate le palpebre con pezzetti di marzapane giallo e attaccatele sopra e sotto gli occhi. Con il pennellino e il colorante nero in pasta disegnate le pupille e le ciglia.

8

Con il marzapane marrone create una pallina per il naso; allungate a forma di goccia due palline più grosse dello stesso colore e unitele per formare le guance. Bucherellatele con il ball tool a punta piccola.

9

Per la bocca, formate una pallina di marzapane marrone, allungatela come fosse un salamino e attaccatela sotto le guance del soggetto.

IL DETTAGLIO

Per la **bistecca** procedete così: con il marzapane rosso formate una pallina di medie dimensioni, schiacciatela a forma di ovale e foratela su un lato. Riempite il foro con del marzapane neutro. Con il marzapane bianco create una striscia da far aderire intorno alla bistecca precedentemente ottenuta: sarà il grasso della carne.

10

Con due palline marroni create le orecchie e con il ball tool a punta piccola praticate un foro al centro delle stesse.

11

Con il marzapane rosa fate una pallina ovale, schiacciatela, segnatela con il coltellino e inseritela sopra la bocca formando la lingua.

12

Con il marzapane marrone create una striscia e incidete solo un lato con il coltellino. Posizionate questa striscia intorno alla testa in modo da creare la criniera del leone.

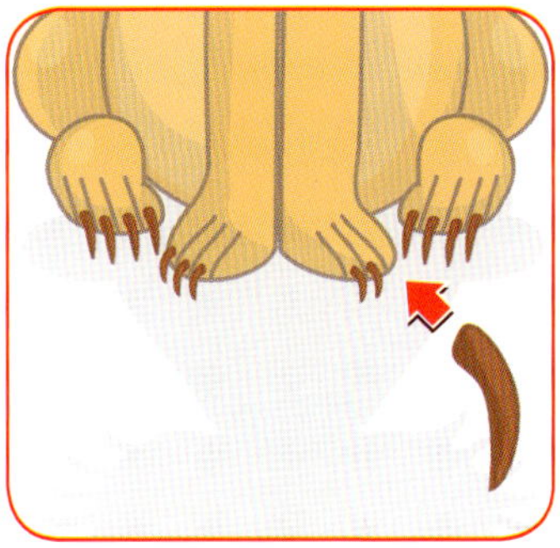

13

Con altro marzapane marrone create dei piccoli salsicciotti appuntiti per gli artigli da attaccare alle zampe del soggetto.

14

Per la coda, formate un salamino di marzapane giallo, attaccategli una pallina di marzapane marrone appiattita (dategli la forma di una pera) e segnatela con il coltellino. Attaccate la coda al corpo del leone.

Chi l'ha detto che i gatti sono animali solitari? Tigro ha bisogno di compagnia: presentategli questi topolini birichini e... il gioco è fatto.

GATTINO TIGRO

che cosa ti occorre?

- 300 g di marzapane
- 10 g di pasta di zucchero
- colorante alimentare marrone in polvere
- colorante alimentare rosa perlato in polvere
- colorante alimentare grigio in polvere
- colorante alimentare nero in pasta

per gli elementi accessori

- colorante alimentare in polvere verde per l'erba (vedi p. 21); rosso e giallo per i fiori (vedi box p. 31); azzurro per il gomitolo (vedi box p. 47)

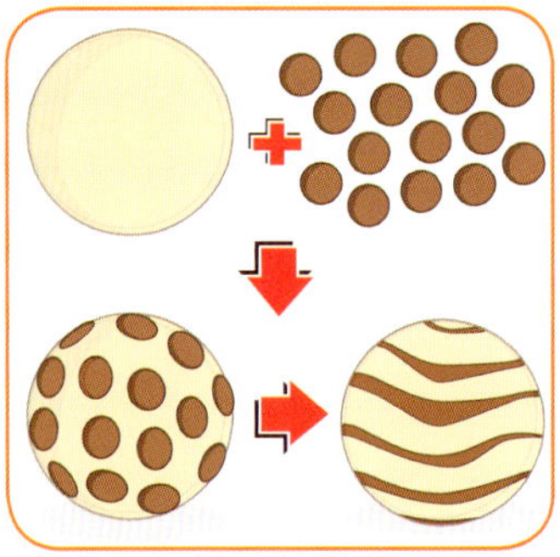

1

Formate una palla di marzapane neutro arrotolandola tra i palmi delle mani e attaccatevi tanti pezzetti di marzapane marrone. Arrotolate tra i palmi delle mani formando una palla variegata di due colori.

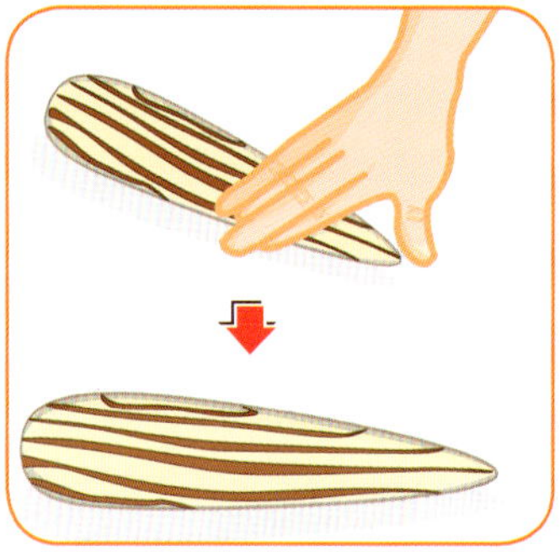

2

Stendete la palla sul piano di lavoro con le dita formando una sorta di carota.

3

Piegate la parte allungata della carota al di sotto della parte più spessa in modo da creare il corpo del soggetto.

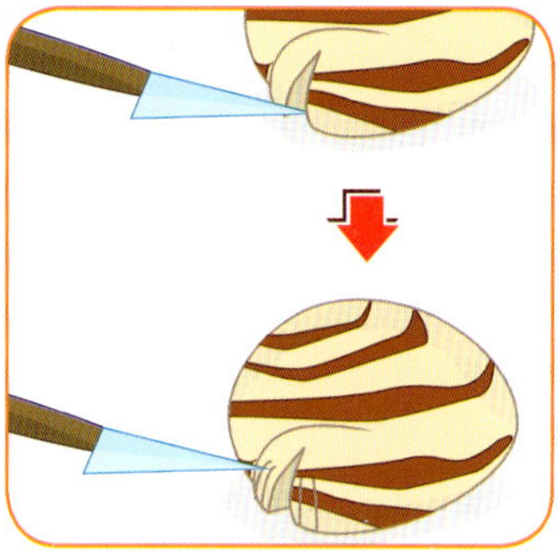

4

Formate le zampe anteriori dividendo in due parti con il coltellino l'estremità più sottile della carota; con lo stesso attrezzo segnate le zampe.

5

Con del marzapane marrone create un salamino da allungare in modo da formare la coda del soggetto, quindi attaccatela.

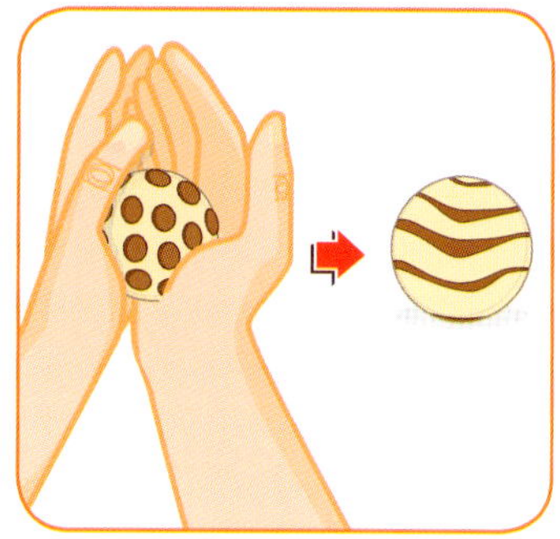

6

Prendete un'altra pallina di marzapane neutro e variegatela sempre di marrone; arrotolatela tra i palmi delle mani formando una pallina di due colori.

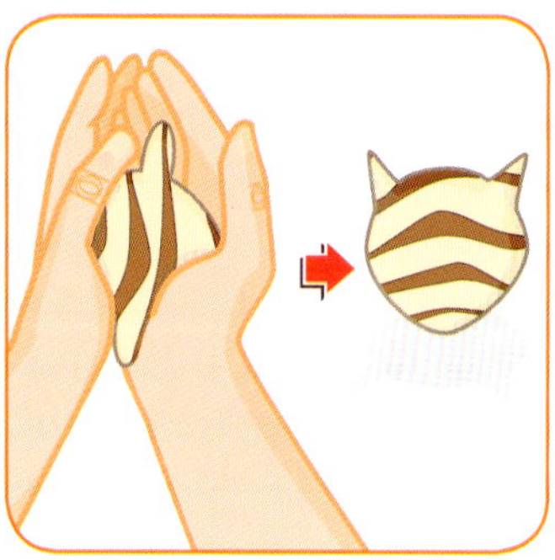

7

Formate alle due estremità della sfera due allungamenti che corrisponderanno alle orecchie.

8

Con il ball tool a punta piccola formate due incavi per gli occhi e inserite all'interno due palline di pasta di zucchero.

9

Formate le palpebre con pezzetti di marzapane marrone e attaccatele sopra e sotto gli occhi. Con il pennellino e il colorante nero in pasta disegnate le pupille e le ciglia.

IL DETTAGLIO

Per il **gomitolo** del gattino, formate una pallina con il marzapane azzurro, quindi segnatela con il coltellino per ottenere l'effetto dell'intreccio. Create l'estremità del filo plasmando un salamino di marzapane dello stesso colore sul palmo della mano e attaccatelo al gomitolo in modo da dargli un po' di movimento.

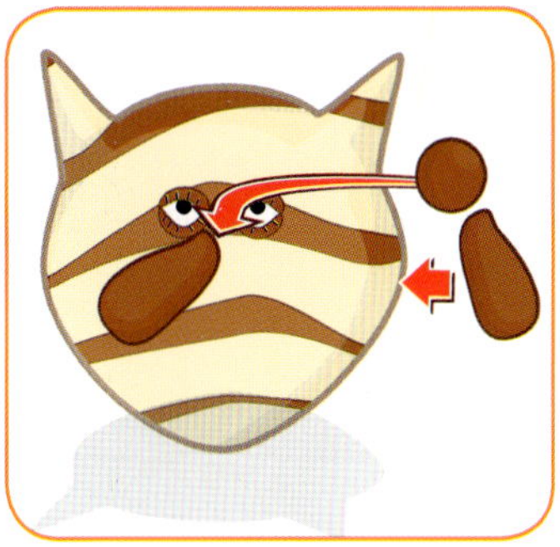

10

Con il marzapane marrone create una pallina per il naso; allungate altre due palline dello stesso colore a forma di goccia e unitele per formare le guance.

11

Per la bocca, formate una piccola pallina di marzapane marrone, allungatela come fosse un salamino e attaccatela sotto le guance.

12

Con del marzapane grigio create il corpo del topolino plasmando tra i palmi delle mani una pallina: dovrete ottenere una forma a goccia.

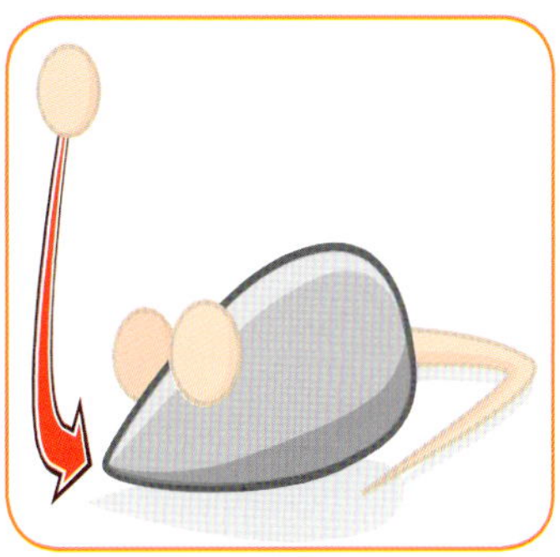

13

Per le orecchie e il naso formate con del marzapane rosa delle palline ancora più piccole tra pollice e indice; per la coda allungate e assottigliate sul palmo una pallina di marzapane rosa.

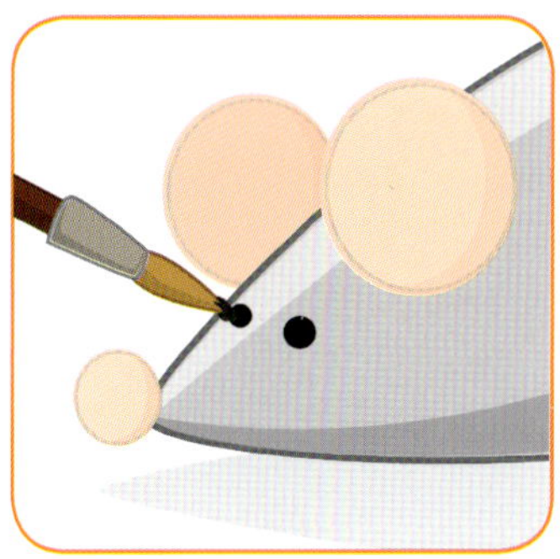

14

Con il pennellino e il colorante nero in pasta disegnate i due occhi del topo.

Una fantastica automobile a forma di carota per scarrozzare il coniglio sulle ali della fantasia.

CONIGLIO PILOTA

che cosa ti occorre?

- 300 g di marzapane
- 10 g di pasta di zucchero
- colorante alimentare arancione in polvere
- colorante alimentare rosso in polvere
- colorante alimentare marrone in polvere
- colorante alimentare verde in polvere
- colorante alimentare nero in pasta

per gli elementi accessori

- colorante alimentare in polvere verde per l'erba (vedi p. 21; completate con confettini di zucchero); lilla, giallo, verde, arancione, rosa e bianco per i fiori (vedi box sotto; vi servono anche 50 g di pasta di zucchero); arancione e verde per le carotine (vedi box sotto)

I DETTAGLI

Per i **fiori**, stendete la pasta di zucchero colorata e con un coppapasta a fiore di varie dimensioni ritagliate tante sagome. Sovrapponetele e formate il pistillo con una pallina di pasta di zucchero gialla. Per le **carotine** modellate il marzapane come per i parafanghi, ma senza curvarlo.

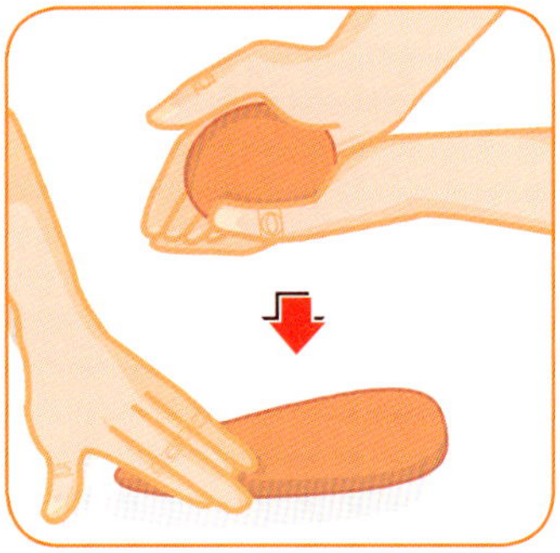

1

Con il marzapane arancione formate una palla, allungatela tra le mani formando una sorta di ovale e quindi datele la forma di una carota.

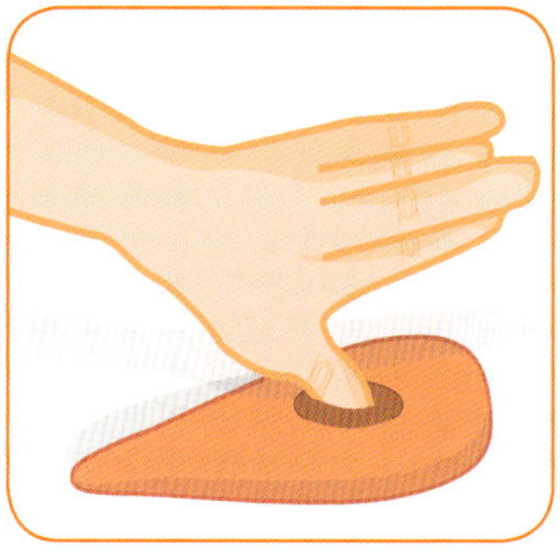

2

Adagiate la carota sul piano di lavoro e con il pollice formate un foro nella parte centrale.

3

Fate quattro palline con il marzapane marrone, proporzionate al corpo della macchina.

4

Attaccate le palline ai quattro lati della carota facendo una lieve pressione con il pollice; formate così le ruote e, al centro di queste, praticate un foro con il ball tool a punta grande.

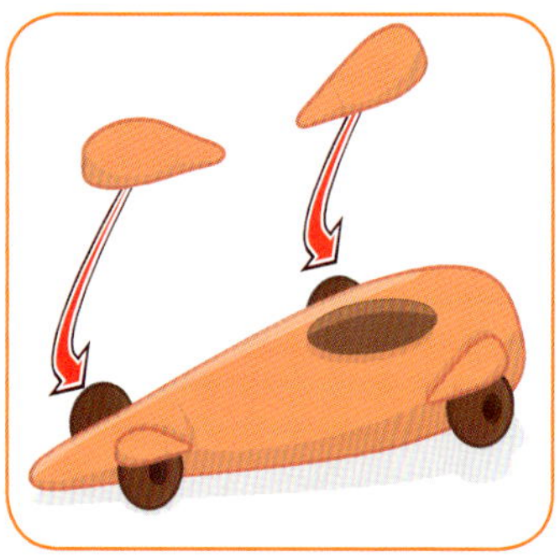

5

Create i parafanghi con altre quattro palline di marzapane arancione e allungate ciascuna pallina a forma di goccia. Sistemate i parafanghi della macchina sopra ciascuna ruota curvandoli leggermente.

6

Con del marzapane verde brillante create dei ciuffetti da attaccare sia a ogni carota-parafango sia al retro della macchina.

7

Con il coltellino realizzate dei piccoli tagli sia sul corpo della macchina sia sui parafanghi.

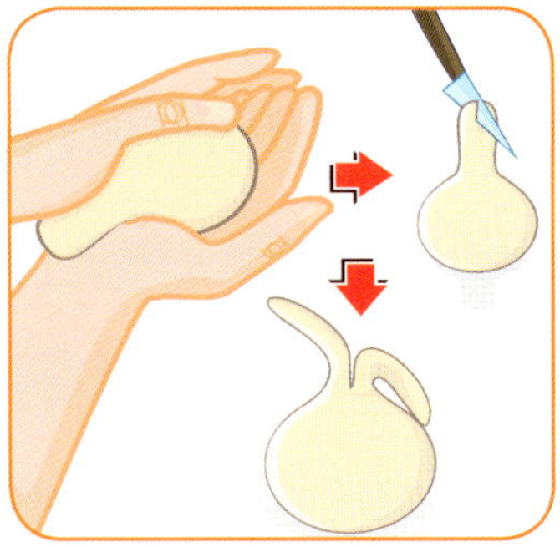

8

Allungate a forma di pera una pallina di marzapane neutro. Plasmate le orecchie tagliando a metà l'estremità allungata. Piegatele per dare movimento.

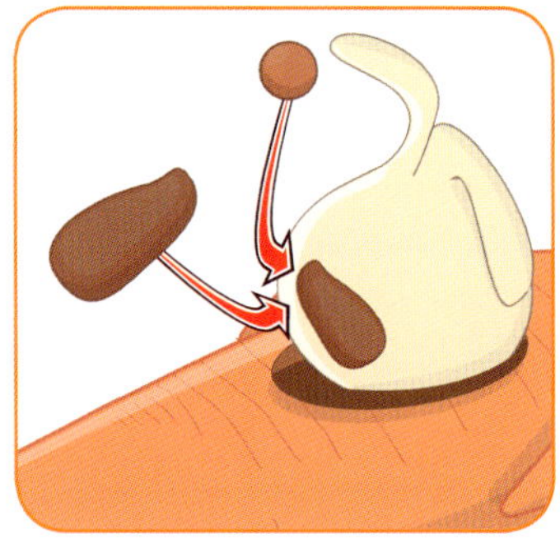

9

Inserite il coniglio nel foro della carota. Con il marzapane marrone fate una pallina per il naso; allungate due palline marroni a forma di goccia e unitele per formare le guance.

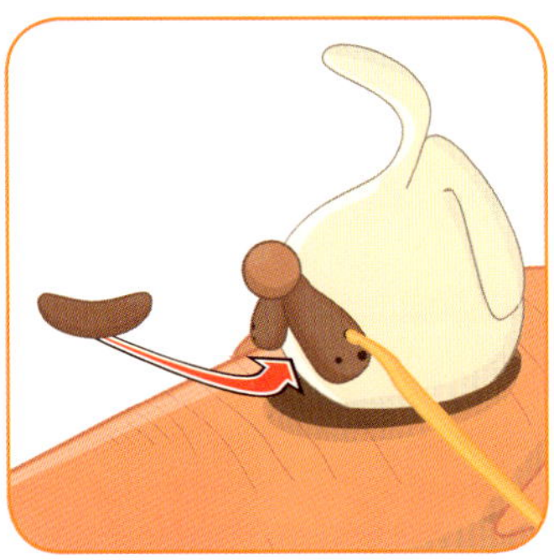

10

Per la bocca, formate una pallina di marzapane marrone, allungatela come fosse un salamino e attaccatela sotto le guance del soggetto. Bucherellate le guance con il ball tool a punta piccola.

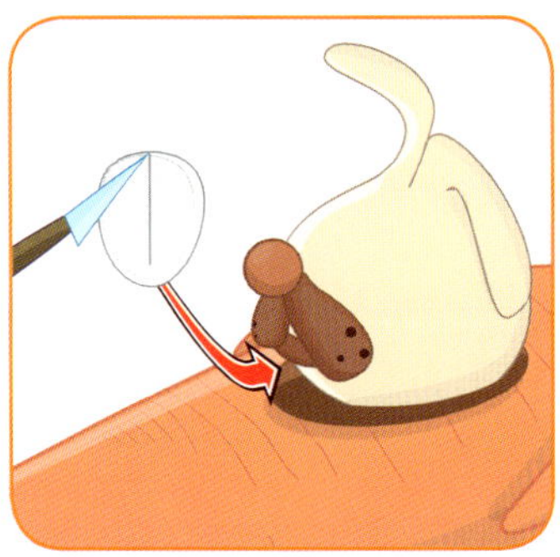

11

Create i denti posizionando tra le due guance un piccolo pezzo di pasta di zucchero; segnatelo con il coltellino.

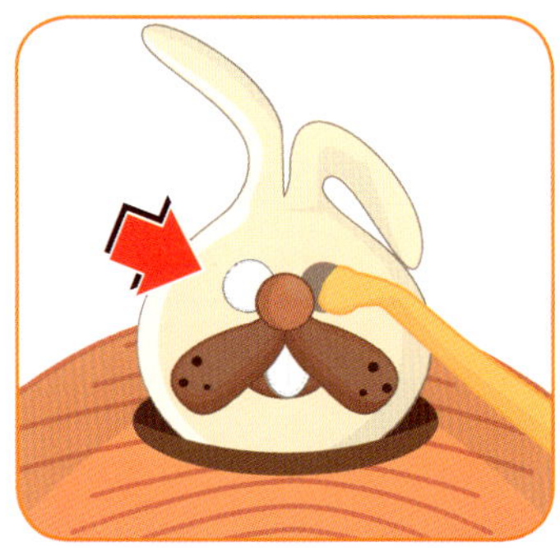

12

Con il ball tool a punta piccola create due incavi per gli occhi sopra il naso e inserite all'interno due palline di pasta di zucchero.

13

Formate le palpebre con pezzetti di marzapane neutro e attaccatele sopra gli occhi. Con il pennellino e il colorante nero in pasta disegnate le pupille e le ciglia.

14

Per il volante, con del marzapane marrone create una piccola sfera da forare al centro. Per il foro utilizzate il ball tool a punta grande e con il coltellino praticate delle piccole incisioni.

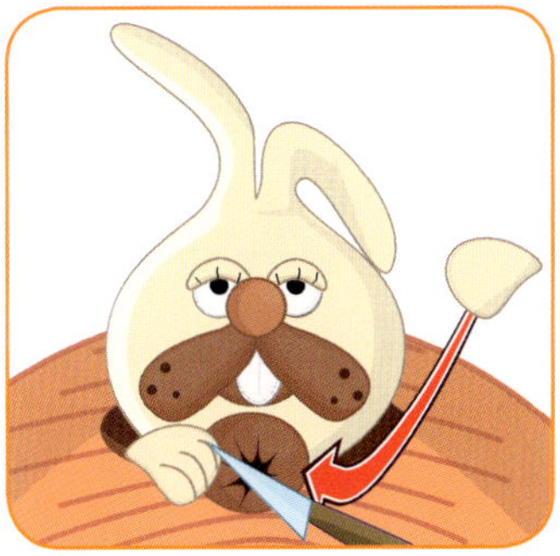

15

Con del marzapane neutro create due palline, rigatele con il coltellino e formate così le due mani, da posizionare ai lati del volante.

16

Con del marzapane rosso create due piccole strisce per la sciarpa da posizionare alla base della testa e rigate le estremità con il coltellino.

Una maialina dolce e vanitosa come Piggy non può rinunciare a farsi bella. Aspetta proprio voi per il tocco finale: un fiocco rosa sopra le sue buffe orecchie.

MAIALINA PIGGY

che cosa ti occorre?

- 300 g di marzapane
- 10 g di pasta di zucchero
- colorante alimentare rosa perlato in polvere
- colorante alimentare rosa in polvere
- colorante alimentare nero in pasta

per gli elementi accessori

- colorante alimentare in polvere verde per l'erba (vedi p. 21); giallo e rosa per i fiori (vedi box p. 31); marrore per lo steccato (vedi box p. 57)

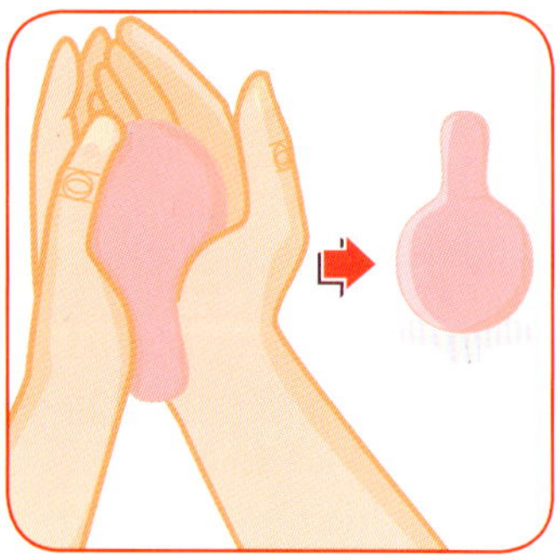

1

Formate una palla di marzapane rosa perlato arrotolandola tra i palmi delle mani. Allungate poi un'estremità, sempre con i palmi delle mani, in modo da formare una sorta di pera.

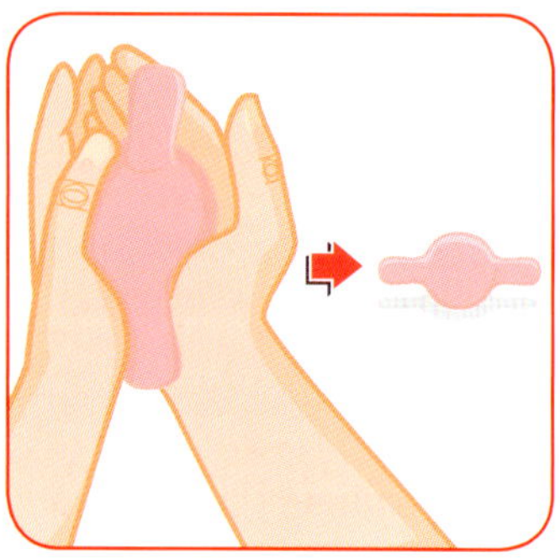

2

Ripetete l'operazione dalla parte opposta a quella allungata formando una sorta di pera doppia.

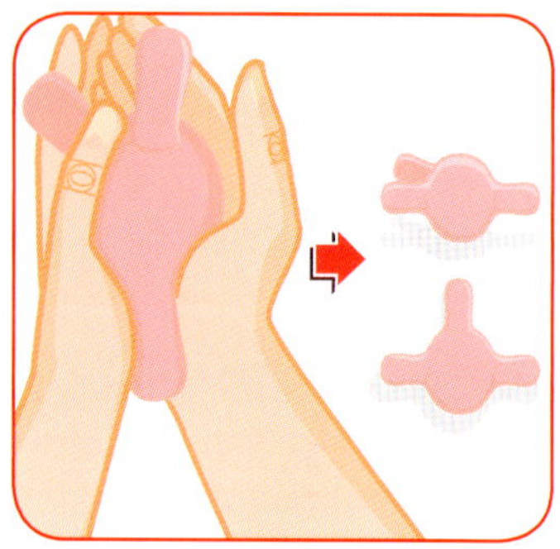

3

Piegate le due estremità allungate e dalla parte centrale allungate nuovamente formando una terza estremità.

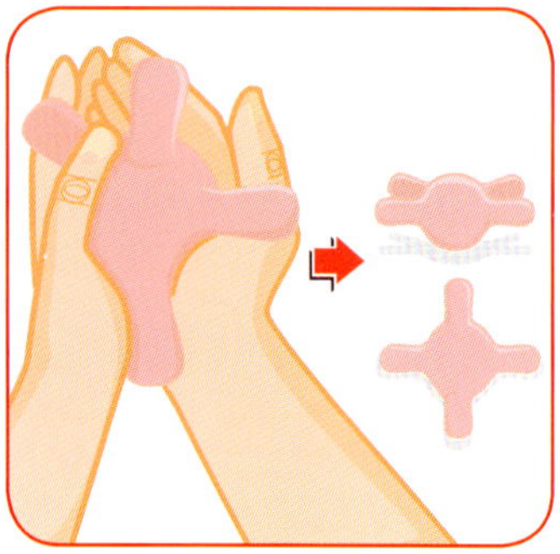

4

Piegate l'ultima estremità creata su un lato e allungate nuovamente la parte centrale ricavando così il quarto e ultimo arto.

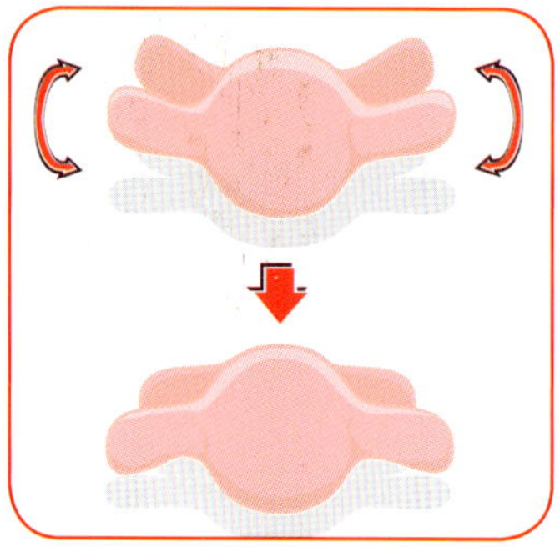

5

Posizionate il corpo della maialina a pancia in giù e muovete le braccia e le gambe in modo da creare un movimento naturale nel soggetto.

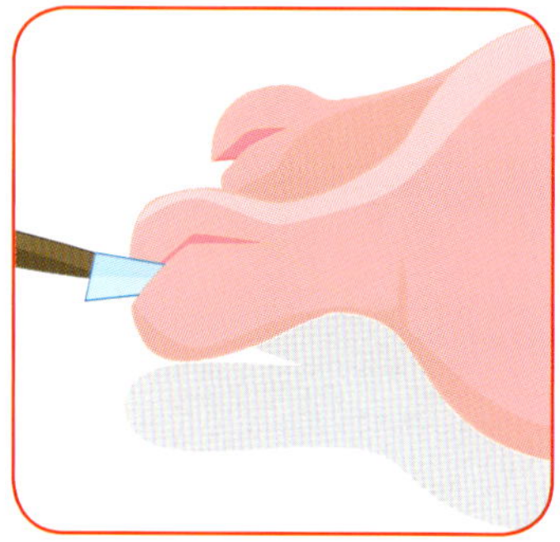

6

Con il coltellino incidete le estremità degli arti del maialino.

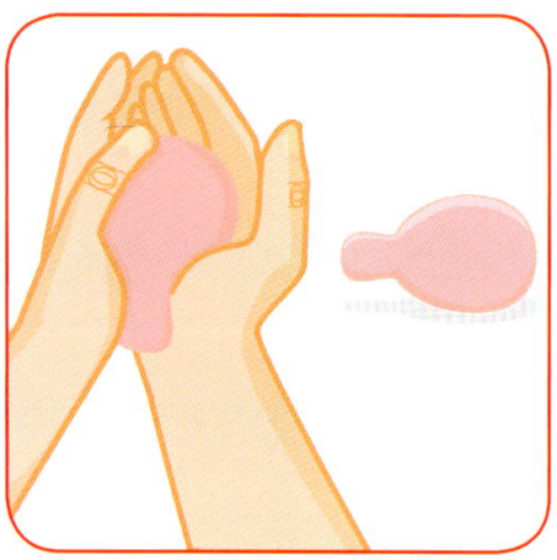

7

Allungate leggermente un'altra pallina di marzapane rosa perlato con i palmi delle mani formando la testa.

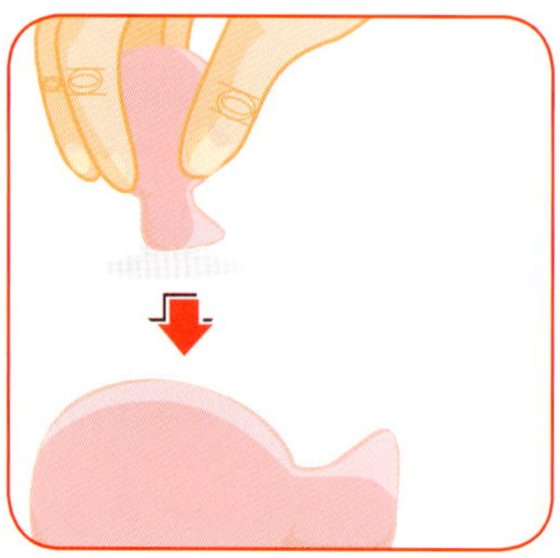

8

Picchiettate leggermente la punta della pallina sul piano di lavoro per appiattirla in modo da formare il grugno.

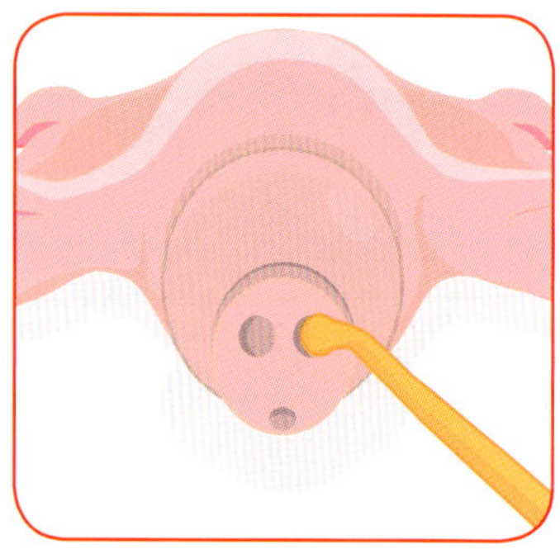

9

Attaccate la testa al corpo del soggetto e segnate le narici e la bocca con il ball tool a punta piccola.

IL DETTAGLIO

Per lo **steccato** realizzate con il marzapane marrone cinque salsicciotti (due devono essere più corti degli altri) e incrociateli tra loro: tre in verticale e i due più corti in orizzontale. Completate lo steccato incidendolo con il coltellino e segnandolo con il ball tool a punta piccola. Per fissarlo alla torta utilizzate tre stuzzicadenti da infilare nei pali verticali.

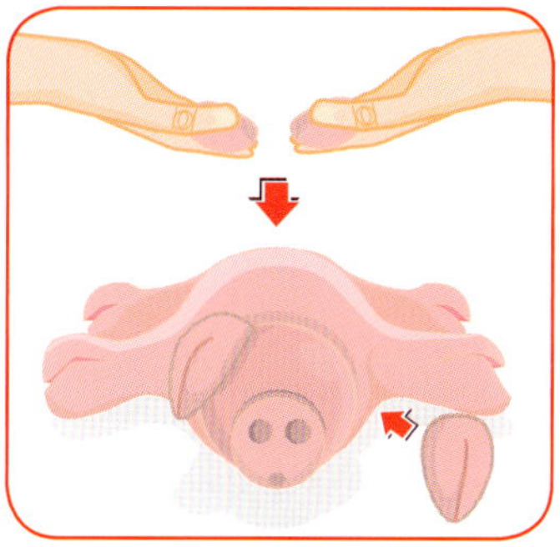

10

Per le orecchie, con il marzapane rosa perlato allungate due palline a punta e schiacciatele tra le tre dita (pollice, indice e medio), formando il classico nervetto dietro le orecchie. Attaccatele sopra la testa.

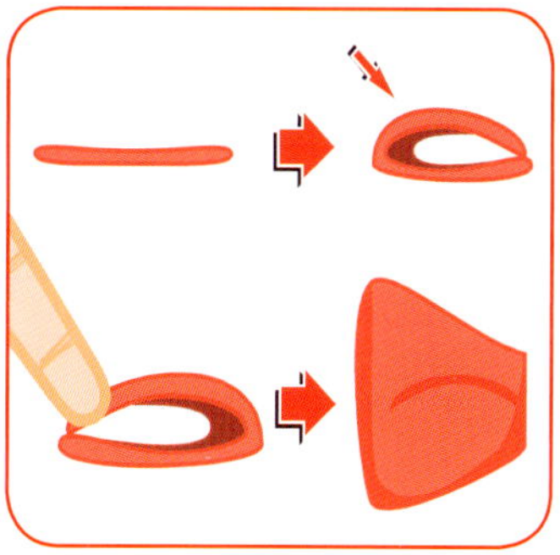

11

Con del marzapane rosa create un fiocco: formate due strisce, ripiegatele e schiacciatele nella parte in cui le due estremità si sovrappongono.

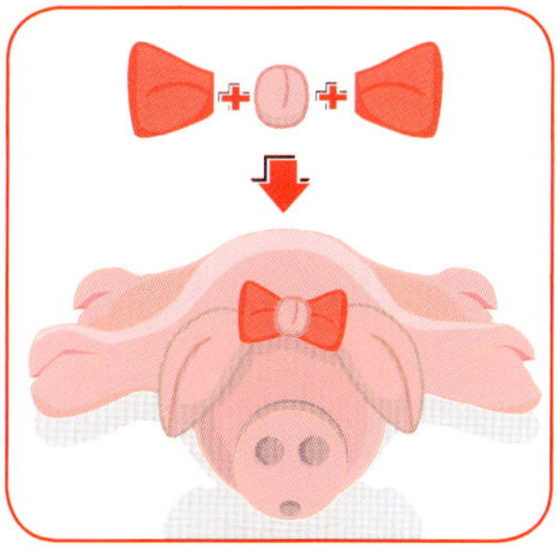

12

Unite le due parti del fiocco con una pallina di marzapane rosa perlato e applicatelo in mezzo alle due orecchie.

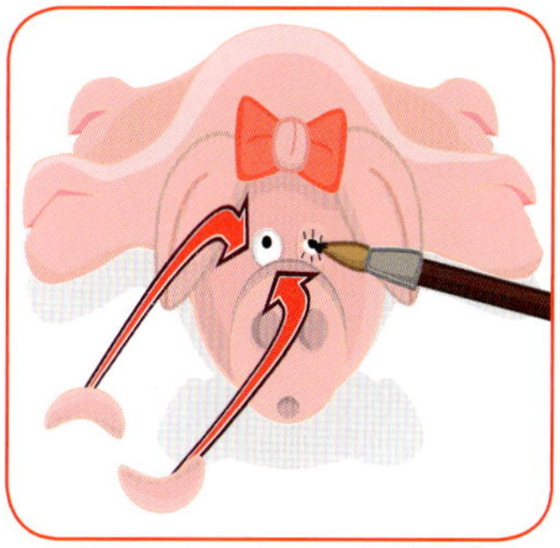

13

Per gli occhi, con il ball tool a punta piccola formate due incavi e inseritevi due palline di pasta di zucchero. Attaccate le palpebre fatte con pezzetti di marzapane rosa perlato. Con il colorante nero in pasta disegnate pupille e ciglia.

14

Per la coda, allungate una pallina di marzapane rosa perlato su un palmo, posizionatela sul corpo con il pollice e l'indice e arricciatela. Rifinite il corpo incidendolo per formare le pieghe della pelle.

Tra un viaggio in slitta e una discesa dal camino Babbo Natale si riposa su un pacco regalo: chi sarà il fortunato destinatario?

BABBO NATALE

che cosa ti occorre?

- 300 g di marzapane
- 10 g di pasta di zucchero
- colorante alimentare rosso in polvere
- colorante alimentare marrone in polvere
- colorante alimentare rosa perlato in polvere
- colorante bianco in polvere
- colorante alimentare nero in pasta

per gli elementi accessori

- colorante alimentare in polvere verde e perline di zucchero per l'albero (vedi box p. 62); giallo, bianco e rosso per il fiocco e i pois (vedi box p. 63)

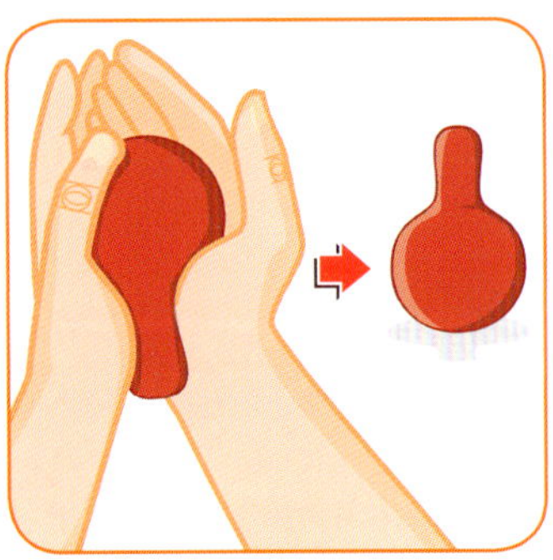

1

Formate una palla di marzapane rosso arrotolandola tra i palmi delle mani. Allungate poi un'estremità, sempre con i palmi delle mani, in modo da formare una sorta di pera.

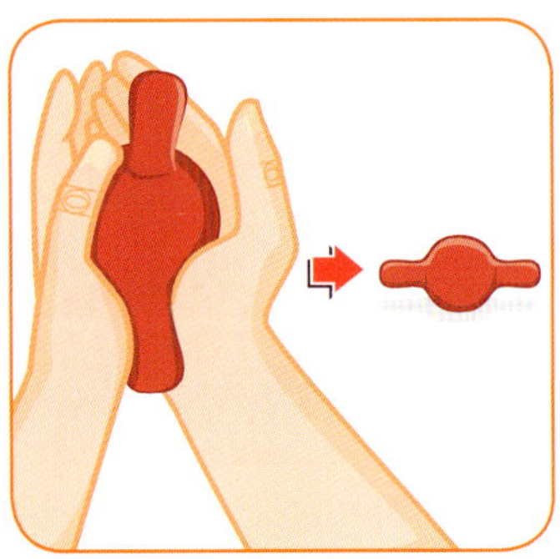

2

Ripetete l'operazione dalla parte opposta a quella allungata formando una sorta di pera doppia.

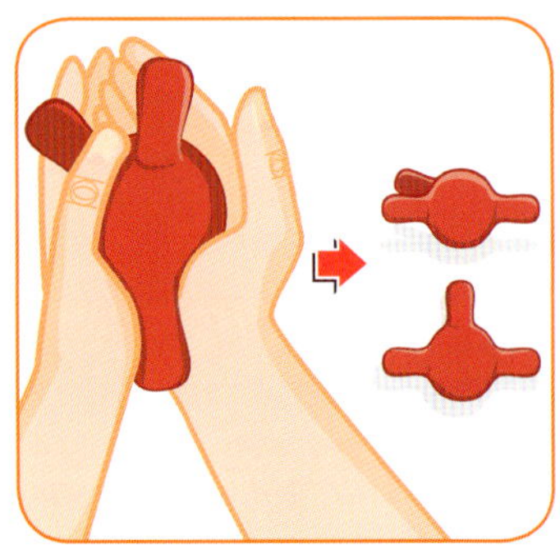

3

Piegate le due estremità allungate e dalla parte centrale allungate nuovamente formando una terza estremità.

Alessia
Montersino
golosi
di salute

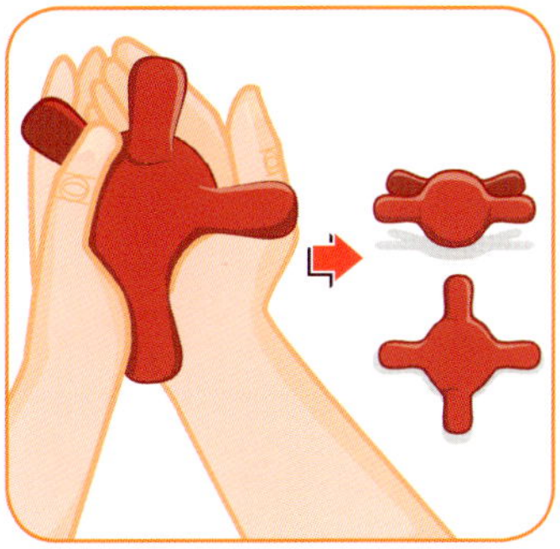

4

Piegate l'ultima estremità creata su un lato e allungate nuovamente la parte centrale ricavando così il quarto e ultimo arto.

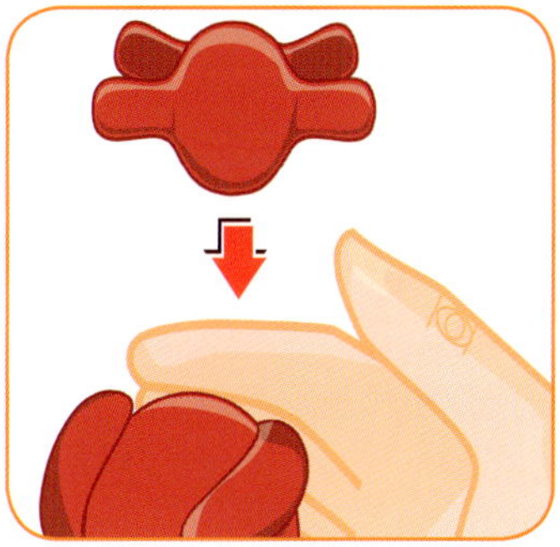

5

Posizionate seduto il corpo del Babbo Natale e muovete le braccia e le gambe in modo da creare un movimento naturale nel soggetto.

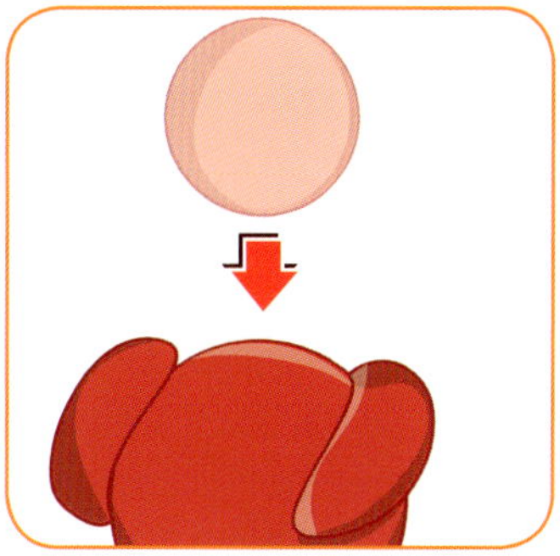

6

Con il marzapane rosa perlato formate una pallina per la testa e attaccatela tra le due braccia.

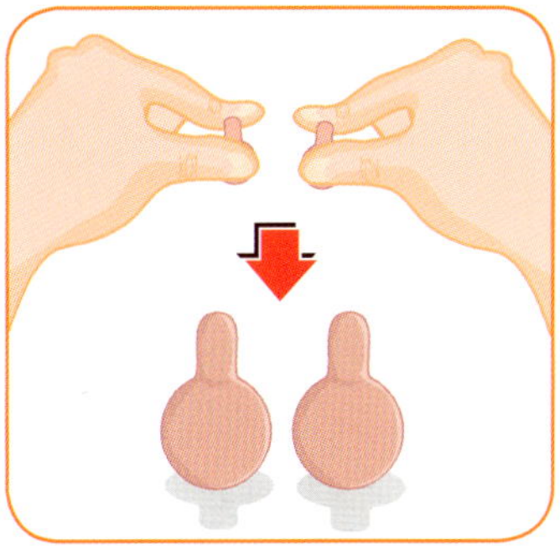

7

Per le mani, formate tra indice e pollice due palline di marzapane rosa perlato e allungate un'estremità fino a ottenere delle piccole pere.

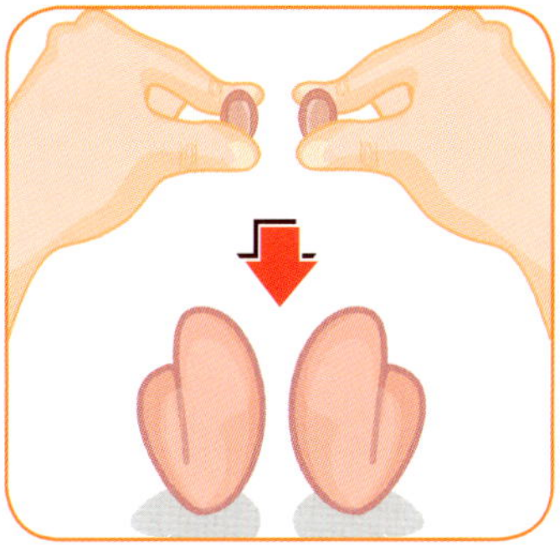

8

Ripiegate l'estremità allungata verso la parte più spessa in modo da formare il pollice.

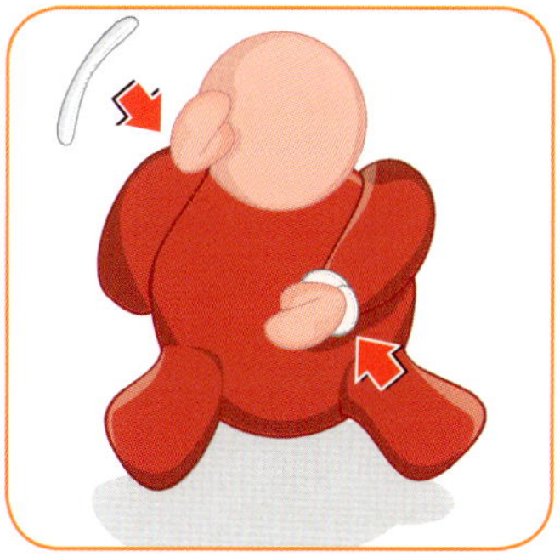

9

Attaccate le mani alle braccia. Fate i polsini con due salsicciotti di marzapane bianco e attaccateli alla giuntura.

IL DETTAGLIO

Per completare il vostro soggetto di marzapane create anche un **albero di Natale**. Formate un cono con il marzapane verde e praticate dei tagli non troppo profondi con le forbici, procedendo dal basso verso l'alto. Decorate il pino ottenuto con le perline di zucchero. Posizionatelo sulla torta fissandolo con uno stuzzicadenti.

10

Per le scarpe, plasmate due palline di marzapane marrone a forma di ovale e attaccatele alle gambe. Con due salsicciotti di marzapane bianco create i due risvolti dei pantaloni.

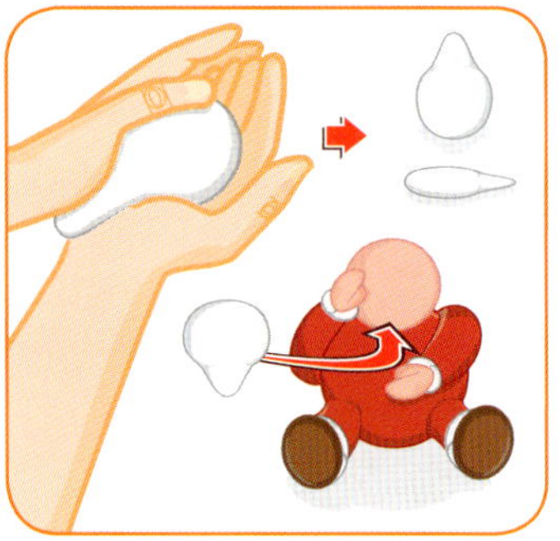

11

Per la barba, allungate una pallina di marzapane bianco creando una sorta di pera, schiacciatela e attaccatela. Formate due salsicciotti appuntiti da una parte e applicateli ai lati del viso.

12

Per i baffi, lavorate due piccole strisce di marzapane bianco fino a ottenere due gocce, quindi attaccateli al soggetto.

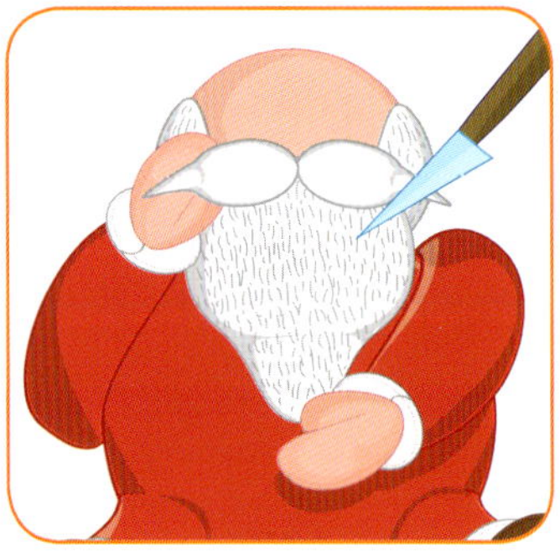

13

Con il coltellino create sulla barba piccoli taglietti, partendo dal basso verso l'alto in modo da formare i peli.

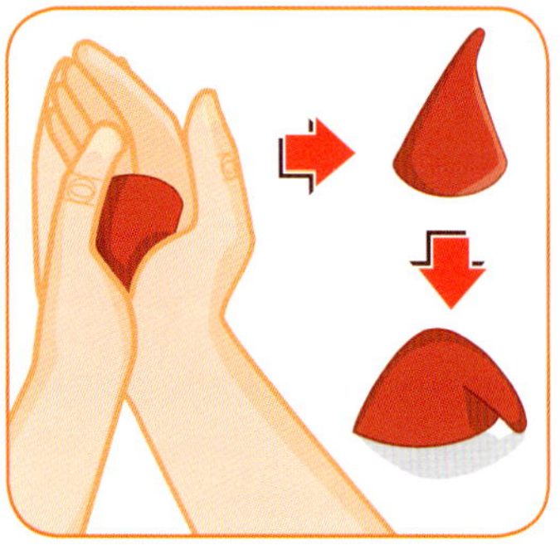

14

Formate una pallina con il marzapane rosso, allungatela in modo da ottenere una sorta di pera e schiacciatela tra le mani. Piegatela leggermente all'interno per formare il cappello che metterete sulla testa.

15

Fate una pallina di marzapane rosa perlato per il naso e attaccatelo sopra i baffi.

16

Con il ball tool a punta piccola formate due incavi per gli occhi appena sopra il naso e inseritevi due palline di pasta di zucchero.

17

Formate le palpebre con pezzetti di marzapane rosa perlato e attaccatele sopra e sotto gli occhi.

18

Con il pennellino e il colorante nero in pasta disegnate le pupille.

19

Attaccate infine il bordo del cappello e il suo pon pon fatti con il marzapane bianco. Completate il tutto praticando dei segni con il coltellino in modo da formare il decoro sul bordo del cappello.

I DETTAGLI

Per il **fiocco** fate quattro strisce di marzapane giallo, ripiegatele e schiacciatele alle estremità. Unite le parti schiacciate e completate applicando a piacere palline di marzapane rosso appiattite. Completate con quattro strisce sottili di marzapane giallo per il nastro. Per i **pois** formate delle palline di marzapane bianco, schiacciatele e applicatele sulla superficie della torta.

Saltando da una palma a un banano, Cita non perde occasione per procurarsi un ghiotto bottino e non sembra avere alcuna intenzione di condividerlo con gli altri amici della giungla!

SCIMMIA CITA

che cosa ti occorre?

- 300 g di marzapane
- 10 g di pasta di zucchero
- colorante alimentare marrone chiaro e scuro in polvere
- colorante alimentare rosa perlato in polvere
- colorante alimentare giallo in polvere
- colorante alimentare nero in pasta

per gli elementi accessori

- colorante alimentare in polvere verde e marrone per la palma (vedi box p. 67)

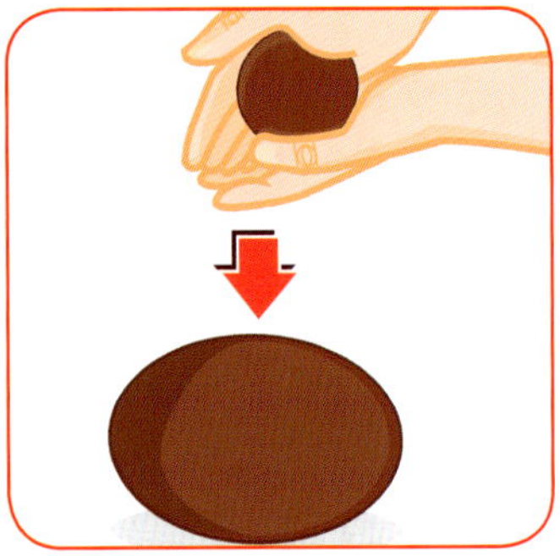

1

Formate con il marzapane marrone scuro una pallina e allungatela con le mani formando una sorta di uovo.

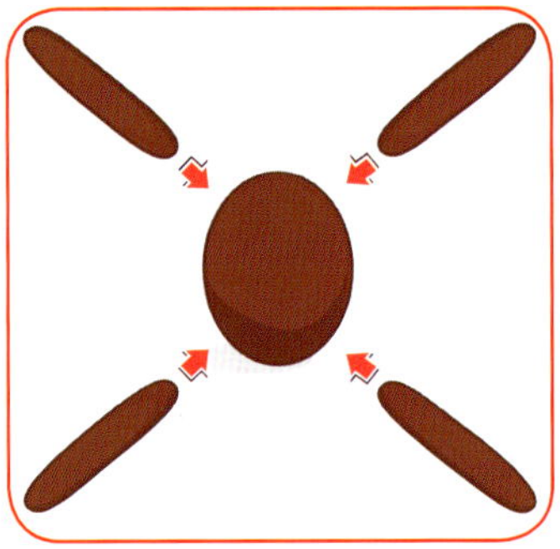

2

Disponetelo sul piano di lavoro in piedi e attaccatevi i quattro arti, realizzati allungando e assottigliando tra i palmi delle mani delle palline di marzapane marrone scuro.

3

Piegate le braccia del soggetto in modo tale da creare movimento e fargli assumere la posizione desiderata.

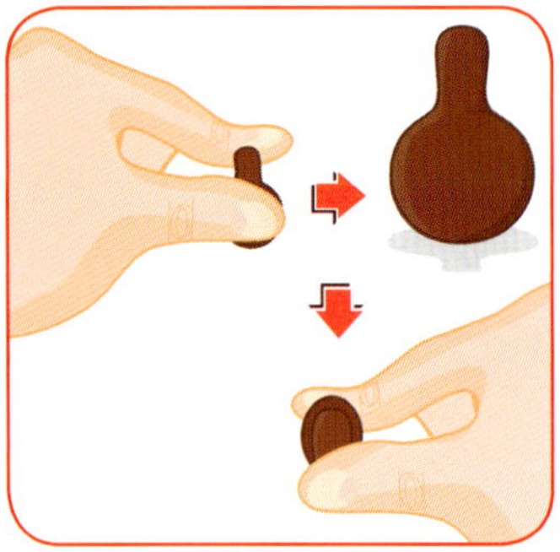

4

Per le mani, modellate due palline di marzapane marrone scuro allungando un'estremità in modo da formare una sorta di pera. Piegate ogni estremità così ottenuta.

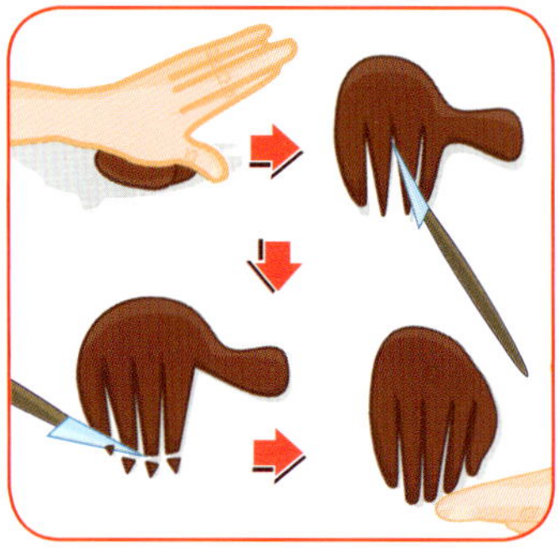

5

Schiacciatele con il palmo della mano e con il coltellino praticate quattro tagli per le dita. Tagliate la parte finale e con i polpastrelli arrotondate le estremità; muovetele per dare rotondità (vedi pp. 18-19).

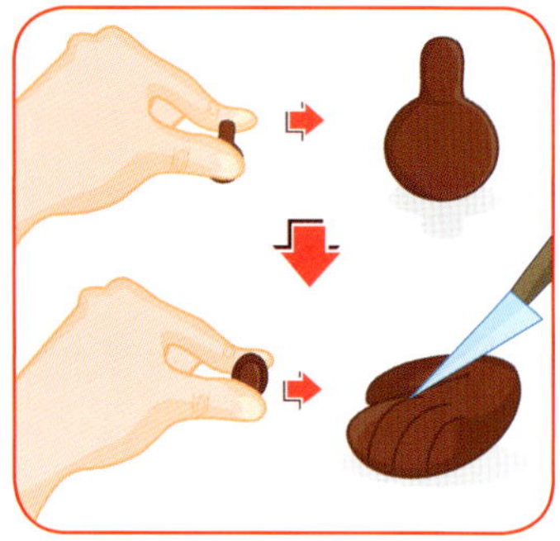

6

Per i piedi, formate due palline di marzapane marrone scuro e allungate un'estremità a pera. Create l'alluce ripiegando l'estremità allungata verso la parte più spessa. Con il coltellino incidete le dita.

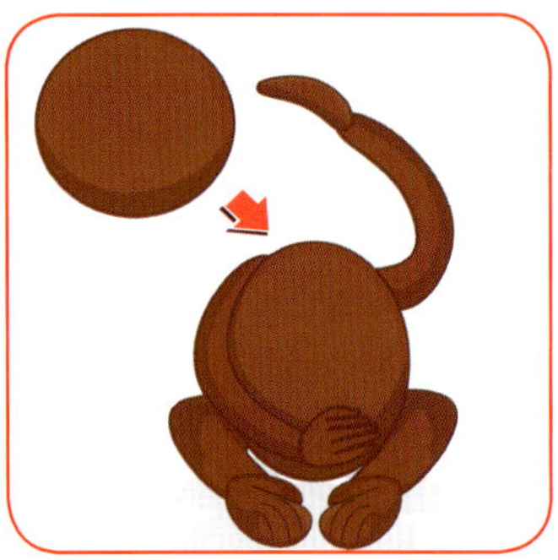

7

Formate una pallina con il marzapane marrone scuro e disponetela sul corpo del soggetto per formare la testa della scimmia.

8

Con del marzapane marrone chiaro create le orecchie del soggetto formando due palline e schiacciandole tra pollice e indice.

9

Per gli occhi, con il ball tool a punta grande create due fori sulla testa del soggetto e posizionatevi due palline di pasta di zucchero. Con il pennellino e il colorante nero in pasta disegnate le pupille.

10

Con del marzapane marrone chiaro formate una pallina, schiacciatela leggermente e attaccatela alla testa del soggetto per il muso.

11

Create su questa pallina un foro con il ball tool a punta piccola, riempitelo con del marzapane rosa perlato, quindi praticate un taglietto in modo da formare la bocca della scimmia.

12

Con una pallina di marzapane marrone chiaro formate il naso e posizionatelo sopra la bocca. Ai lati del naso create tre piccoli fori su entrambi i lati con il ball tool a punta piccola.

13

Con del marzapane giallo fate un salamino e sporcatelo un po' con del marzapane marrone, facendolo strisciare sopra quello giallo. Plasmate la banana dando con le dita la forma di mezzaluna alle estremità del salamino.

14

Posizionate la banana sotto un braccio del soggetto. Per la coda, allungate e assottigliate tra i palmi un salamino lungo di marzapane marrone scuro. Date movimento alla coda con le mani e attaccatela al corpo.

IL DETTAGLIO

Per completare il vostro soggetto di marzapane create anche una **palma**. Formate il busto arrotolando un salsicciotto di marzapane marrone attorno a uno stecco. Preparate anche le foglie intagliando con le forbici degli ovali appiattiti di marzapane verde. Attaccate le foglie in cima al tronco, sovrapponendole a piacere. Fissate la palma alla torta con uno stuzzicadenti.

Una macchina da corsa da decorare con particolari sempre nuovi: date spazio alla vostra fantasia e... rispettate i limiti di velocità!

MACCHININA SPEEDY

che cosa ti occorre?

- 300 g di marzapane
- colorante alimentare rosso in polvere
- colorante alimentare marrone chiaro e scuro in polvere
- colorante alimentare bianco in polvere
- colorante alimentare giallo in polvere
- carbone vegetale in polvere

per gli elementi accessori

- colorante alimentare in polvere verde per l'erba (vedi p. 21); rosa e giallo per i fiori (vedi box p. 31)

1

Con il marzapane rosso formate tra i palmi delle mani una pallina grande quanto una piccola mela.

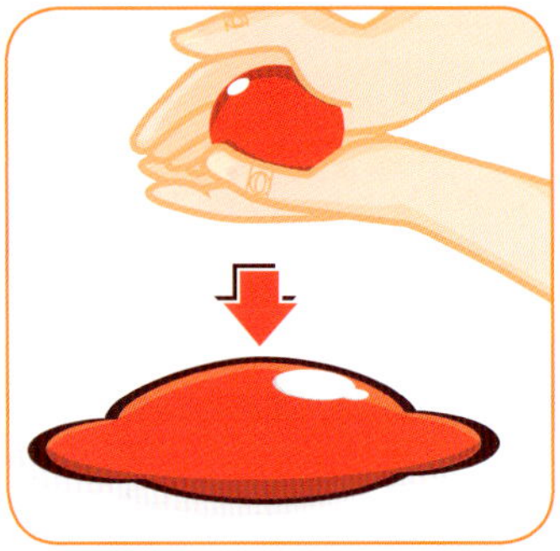

2

Sempre con i palmi delle mani, allungate un'estremità in modo da formare una sorta di pera, quindi ripetete l'operazione dalla parte opposta a quella allungata, formando così una sorta di pera doppia.

3

Adagiatela sul piano di lavoro e con il pollice formate un foro nella parte centrale.

4

Fate le ruote formando quattro palline con il marzapane nero (coloratelo utilizzando il carbone).

5

Create i cerchioni: praticate un piccolo incavo al centro di ogni ruota e inseritevi una pallina di marzapane bianco, che appiattirete con le dita.

6

Attaccate le ruote ai quattro lati della macchinina.

7

Fate i parafanghi: formate quattro palline di marzapane rosso della stessa dimensione delle ruote e allungate ciascuna a goccia; appoggiatele sopra ogni ruota curvandole leggermente.

8

Fate il paraurti: formate un salsicciotto con il marzapane rosso, appiattitelo lasciandolo più largo al centro e più stretto ai lati e applicatelo sulla parte anteriore della macchina.

9

Fate i sedili: formate due palline con il marzapane marrone chiaro, date loro la forma di un ovale e inseritele nel foro della macchinina.

I DETTAGLI

Completate la macchinina modellando il marzapane per realizzare i piccoli dettagli: con il marzapane bianco formate la **targa**; con il marzapane rosso le **luci posteriori**; con dei piccoli pezzi di marzapane giallo create le quattro **frecce** da posizionare due nella parte anteriore e due nella parte posteriore.

10

Con il coltellino segnate i sedili. Formate poi altre due palline con il marzapane marrone scuro, allungatele a forma di ovale e attaccatele sulla sommità della macchina per fare il parabrezza e la capote.

11

Fate i fanali anteriori: appiattite due palline di marzapane bianche, plasmatene due rosse leggermente appuntite e unitele a due a due. Posizionatele sui parafanghi anteriori.

12

Con il coltellino segnate le portiere (creando anche la maniglia), la capote, il cofano e il baule della macchina. Terminate con gli ultimi dettagli (vedi box sopra).

Quanta dolcezza in questo cagnolino e il suo piccolo amico!
Un concentrato di simpatia e... divertimento.

CANE BIANCO E NERO

che cosa ti occorre?

- 300 g di marzapane
- 10 g di pasta di zucchero
- colorante alimentare rosa in polvere
- colorante alimentare rosso in polvere
- colorante bianco in polvere
- colorante alimentare nero in pasta
- carbone vegetale in polvere

per gli elementi accessori

- colorante alimentare in polvere verde per l'erba (vedi p. 21); rosso per i cuori (vedi box p. 74); carbone vegetale in polvere per le macchie (vedi box p. 63)

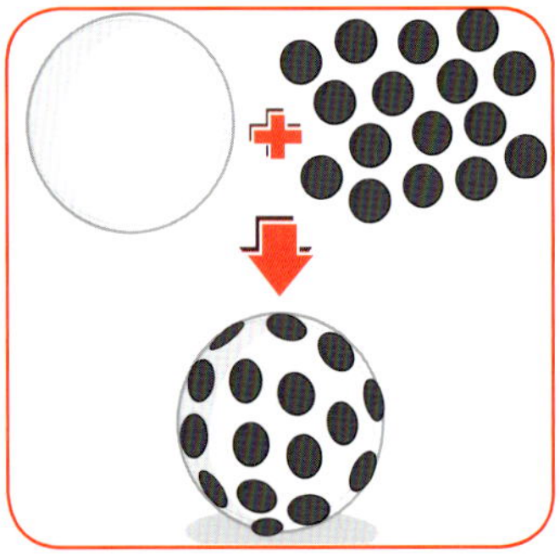

1

Fate una palla di marzapane bianco arrotolandola tra i palmi e attaccatevi tanti pezzetti di marzapane nero (per colorarlo utilizzate il carbone). Arrotolate tra i palmi delle mani formando una palla di due colori.

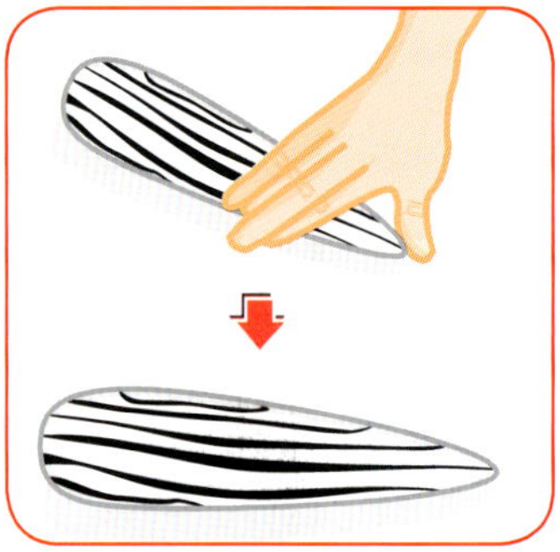

2

Stendete la palla sul piano di lavoro con le dita formando una sorta di carota.

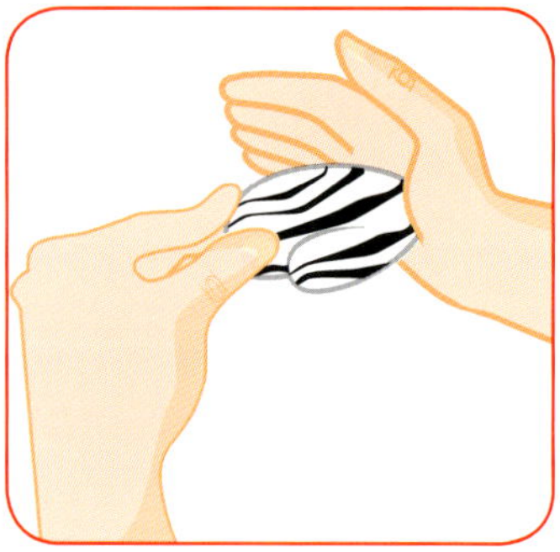

3

Piegate la parte allungata della carota al di sotto della parte più spessa.

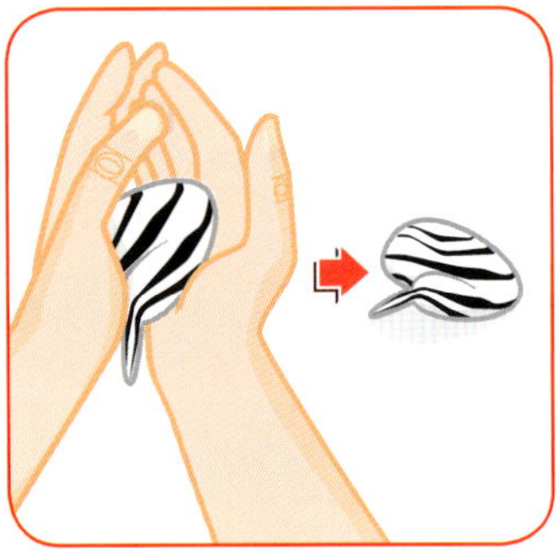

4

Con un movimento rotatorio delle due mani allungate un po' di marzapane formando la coda.

5

Tenendo con una mano il soggetto, con l'altra mano ripiegate la coda verso l'interno. Otterrete così il corpo del cane accucciato su un fianco.

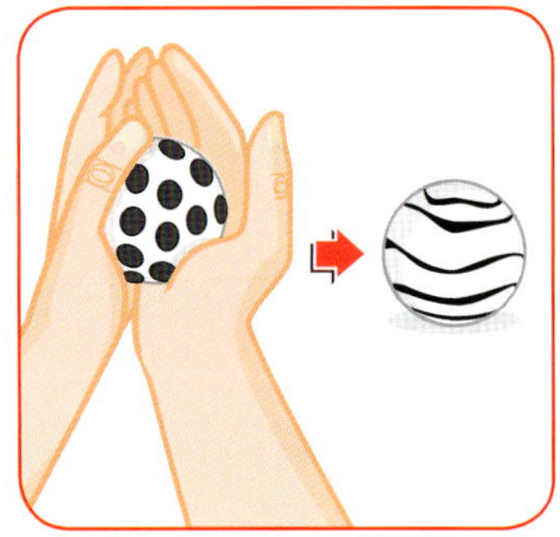

6

Prendete un'altra pallina di marzapane bianco e variegatela sempre di nero seguendo il procedimento del punto 1; arrotolatela tra le mani formando una pallina di due colori.

IL DETTAGLIO

Per completare il vostro soggetto di marzapane create anche i **cuori**. Formate una palla di marzapane rosso arrotolandola tra i palmi delle mani. Allungatela creando un cilindro e schiacciatelo leggermente al centro, mantenendo così le due estremità grosse. Piegate in due la forma ottenuta facendo toccare le due estremità. Terminate modellando la punta del cuore.

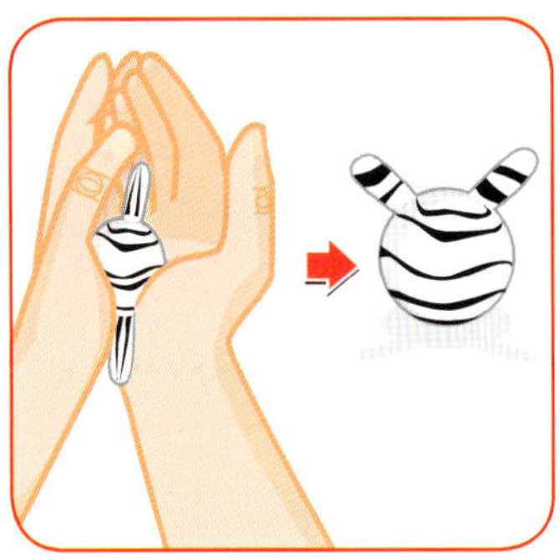

7

Per le orecchie, sempre con i palmi allungate un'estremità in modo da formare una sorta di pera appuntita. Ripetete l'operazione dalla parte opposta a quella allungata formando una sorta di pera appuntita doppia.

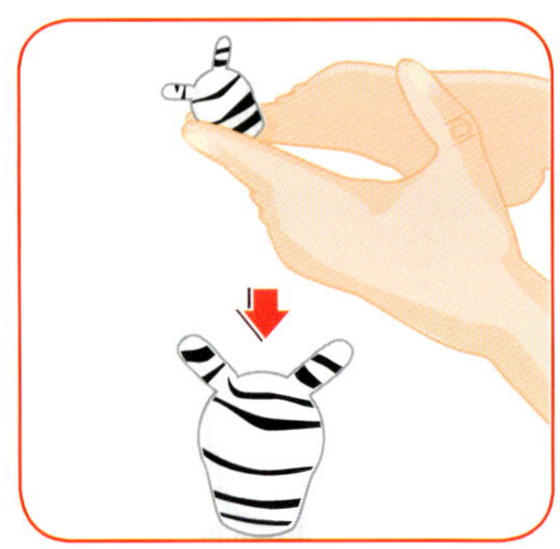

8

Plasmate il muso allungando la parte centrale della pallina tra l'indice della mano destra e quello della sinistra.

IL DETTAGLIO

Per realizzare la testa del **cucciolo** seguite lo stesso procedimento utilizzato per il cane più grande; per il corpo, quello per realizzare la testa del gattino (p. 44). L'unica differenza è che in questo caso le zampe (che nel gatto sono le orecchie) devono essere meno a punta e più lunghe. Per i polpastrelli e la pianta delle zampe fate riferimento all'orsetto (p. 28).

9

Tenete la testa tra indice, medio e pollice della mano sinistra e con l'indice della mano destra formate l'incavo della bocca. Contemporaneamente schiacciate leggermente indice e medio per definire il muso.

10

Adagiate la testa sopra il corpo, schiacciate le orecchie tra pollice e indice e piegatele leggermente in giù.

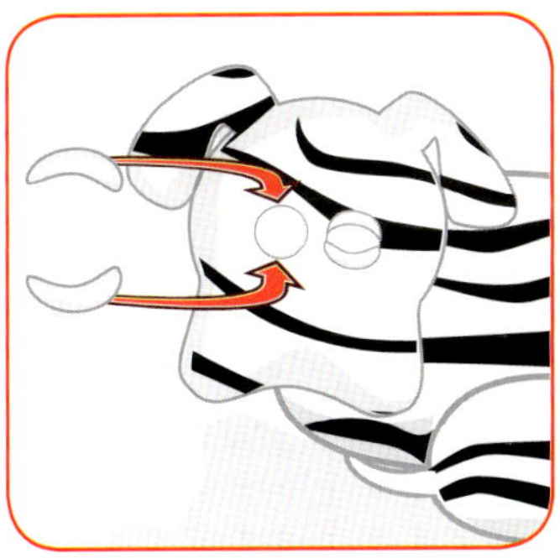

11

Con il ball tool a punta piccola formate due incavi per gli occhi al centro della testa e inseritevi due palline di pasta di zucchero. Formate le palpebre con pezzetti di marzapane bianco.

12

Con il colorante nero in pasta disegnate le pupille e le ciglia. Con il marzapane nero create la bocca e il naso; con una pallina di marzapane rosso un po' schiacciata formate la lingua e inseritela nell'incavo del muso.

13

Con il marzapane rosa realizzate due strisce di pasta da appiattire e piegare "a fiocco". Fermatele con una mini striscia rosa e ponete il fiocco sulla testa del cane.

Giochiamo insieme alle foche applaudendo alle loro meravigliose acrobazie e realizzando palle dai mille colori per farle divertire sempre di più.

FOCHE ACROBATE

che cosa ti occorre?

- 300 g di marzapane
- colorante alimentare grigio in polvere
- colorante alimentare marrone in polvere
- colorante alimentare nero in pasta
- coloranti alimentari di vari colori in polvere

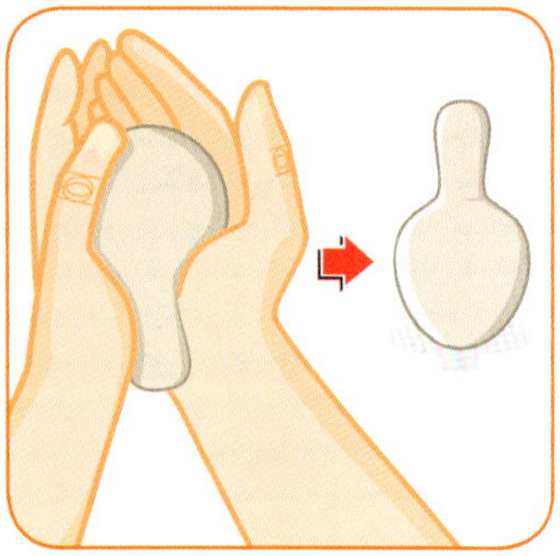

1

Formate una palla con il marzapane grigio, allungate un'estremità con i palmi delle mani e formate una pera allungata.

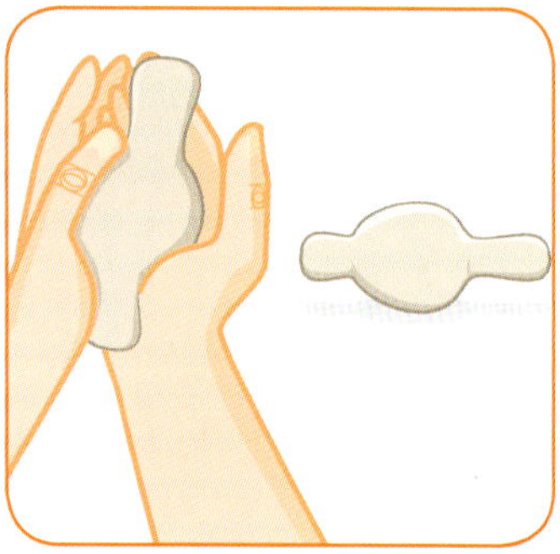

2

Allungate la palla anche dal lato opposto, facendo attenzione questa volta a creare una sporgenza più piccola. Schiacciate l'estremità allungata tra pollice e indice per formare la coda.

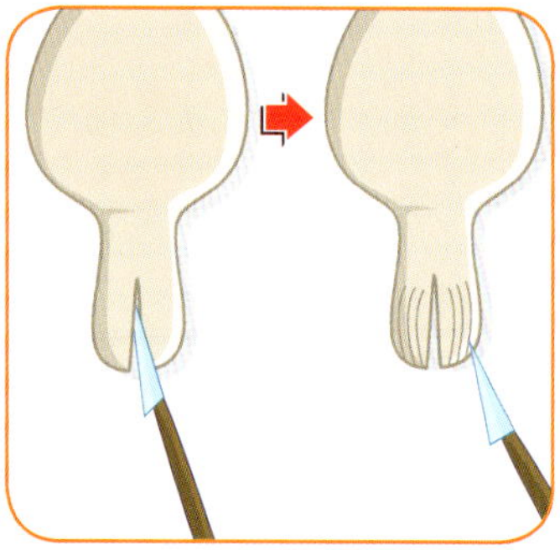

3

Tagliate la coda in due parti con il coltellino e con lo stesso attrezzo fate delle piccole incisioni su entrambi i lembi creati.

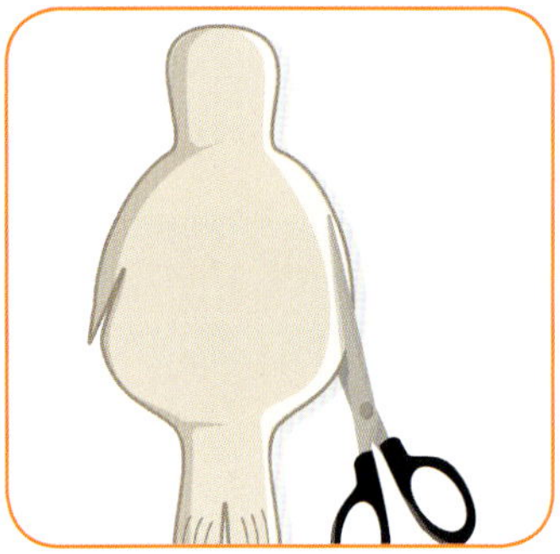

4

Con una forbice praticate due incisioni a metà del corpo in modo da formare le due pinne laterali; con le dita aprite le pinne e correggete eventuali sbavature.

5

Disponete i due soggetti nelle posizioni desiderate in modo da dare movimento alle figure.

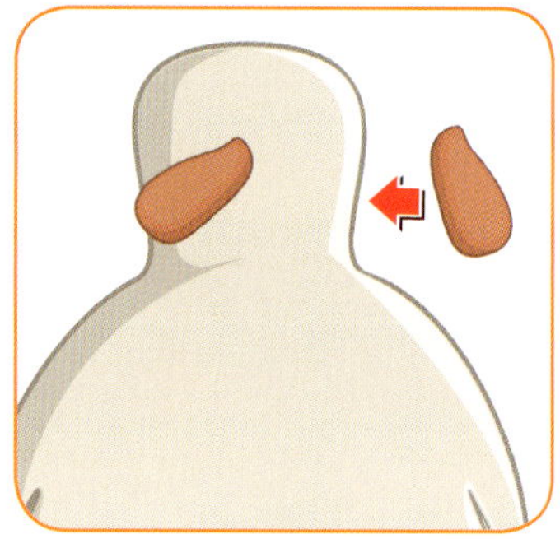

6

Allungate due palline di marzapane marrone a forma di goccia e poi unitele per formare le guance.

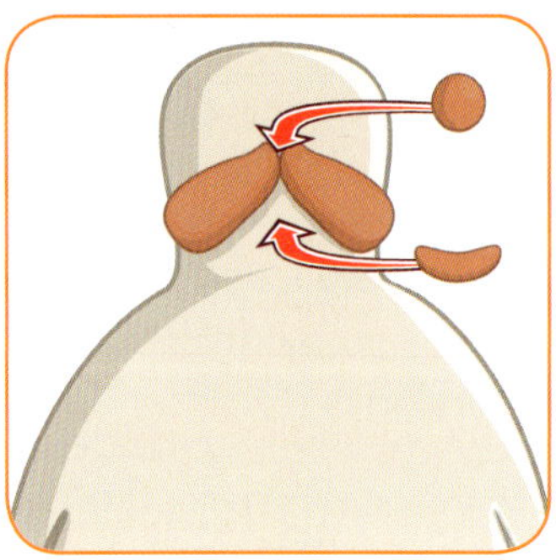

7

Per la bocca, formate una pallina di marzapane marrone, allungatela come fosse un salamino e attaccatela sotto le guance del soggetto. Sempre con il marzapane marrone create una pallina per il naso.

8

Con il pennellino e il colorante nero in pasta disegnate gli occhi. Incidete il corpo delle foche per formare le pieghe. Completate con le palline (vedi box a fianco).

IL DETTAGLIO

Realizzare le **palline** per completare il soggetto è facilissimo. Unite tanti pezzetti di marzapane di vari colori (scegliete quelli che preferite: azzurro, rosso, bianco, giallo, verde, arancione ecc.) e formate due o più palline arrotolandole tra i palmi delle mani. Otterrete così palline multicolore da posizionare vicino alle foche o sotto la coda.

Drillo si diverte come un matto a sguazzare nell'acqua tutto il giorno cercando cibo e amici per giocare. Vi va di unirvi a lui?

COCCODRILLO DRILLO

che cosa ti occorre?

- 300 g di marzapane
- 10 g di pasta di zucchero
- colorante alimentare verde chiaro e scuro in polvere
- colorante alimentare rosso in polvere
- colorante bianco in polvere
- colorante alimentare nero in pasta

per gli elementi accessori

- colorante alimentare in polvere grigio, blu, azzurro e bianco per i sassi e l'acqua (vedi box p. 82)

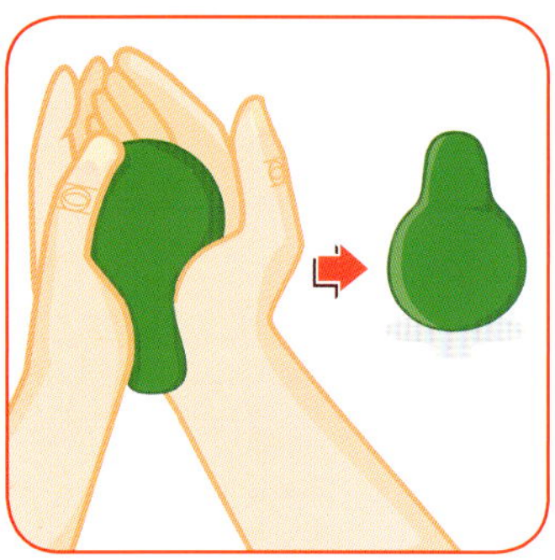

1

Formate una palla con il marzapane verde scuro, allungate un'estremità con i palmi delle mani e formate una pera.

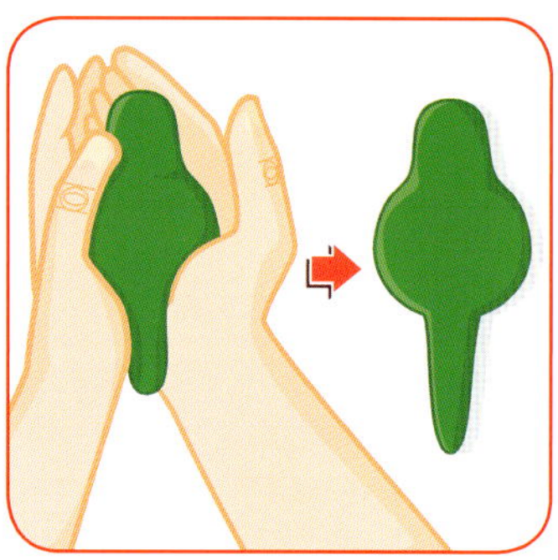

2

Allungate la palla anche dal lato opposto, facendo attenzione questa volta a creare una sporgenza più lunga per la coda.

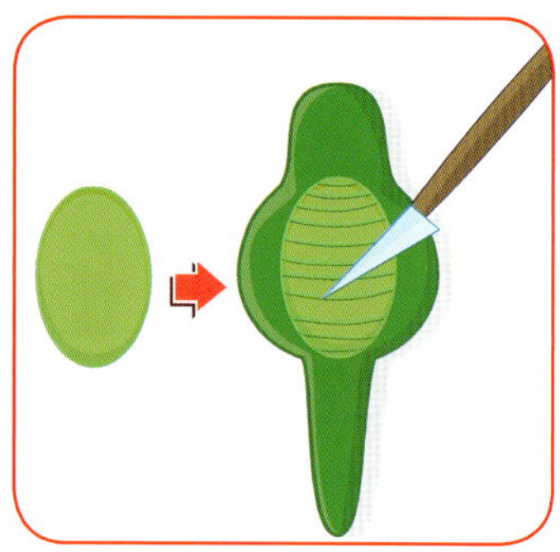

3

Con il marzapane verde chiaro create un ovale, fatelo aderire alla pancia del soggetto e realizzate delle piccole incisioni con il coltellino.

4

Con il marzapane verde scuro create quattro salsicciotti che saranno gli arti del soggetto; formate le dita con delle palline. Attaccate il tutto al corpo del coccodrillo.

5

Con il coltellino incidete delle righe sulle zampe anteriori e posteriori; con il ball tool a punta piccola create dei puntini sulle dita posteriori per gli artigli.

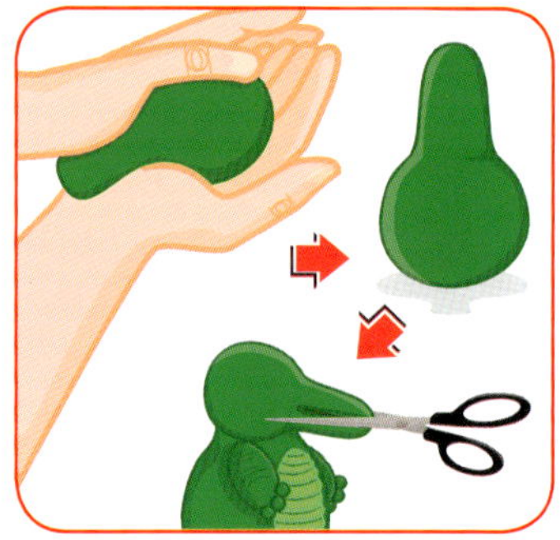

6

Allungate una pallina di marzapane verde su un lato e attaccatela al corpo in modo che la parte allungata formi la bocca. Create le due fauci tagliando la parte allungata con la forbice.

7

Con il pollice e l'indice create due incavi ai lati della testa e con il ball tool a punta piccola segnate le narici.

8

Inserite al centro della bocca un pezzettino di marzapane rosso per la lingua.

I DETTAGLI

Per i **sassi**, prendete del marzapane grigio e formate degli ovali non troppo regolari da posizionare a piacere. Per l'**acqua**, unite senza impastare troppo un po' di marzapane blu, azzurro e bianco, quindi "strappate" dei pezzi di marzapane irregolari e disponeteli alla base del soggetto per creare il movimento dell'acqua.

9

Inserite all'interno della bocca del marzapane bianco (prima una striscia e poi dei pezzetti) e segnatelo con il coltellino in modo da creare i denti acuminati del coccodrillo.

10

Sulla parte superiore del muso create delle incisioni con il coltellino e con il marzapane verde scuro formate due palline che saranno i bulbi oculari.

11

Con il ball tool a punta piccola fate due fori al centro dei bulbi e inseritevi due palline di pasta di zucchero. Con il pennellino e il colorante nero in pasta disegnate le pupille.

12

Con il marzapane verde chiaro create le scaglie della corazza: tante piccole gocce appuntite da posizionare lungo tutta la coda, la schiena e la testa del soggetto.

Ippo va pazzo per l'acqua ed è goloso di piante e arbusti. Con il suo muso da birbante e i suoi dentoni è il re dei fiumi e dei laghi africani in cui vive mille avventure.

IPPOPOTAMO IPPO

che cosa ti occorre?

- 300 g di marzapane
- 10 g di pasta di zucchero
- colorante alimentare grigio in polvere
- colorante alimentare nero in pasta

per gli elementi accessori

- colorante alimentare in polvere verde e marrone per il fiore e l'erba (vedi box p. 87; vi servono anche 20 g di pasta di zucchero)

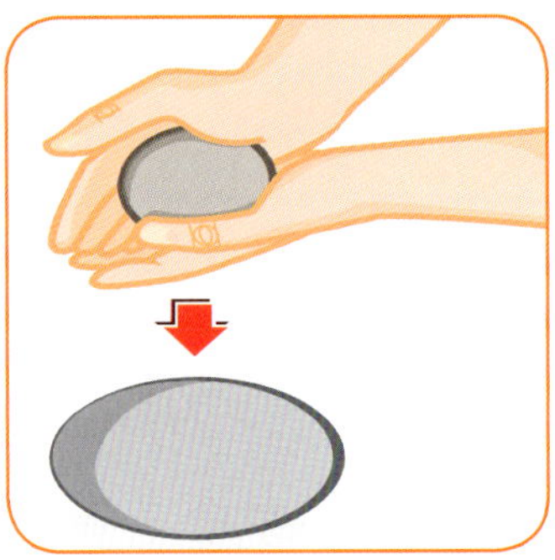

1

Con il marzapane grigio realizzate un palla e datele una forma leggermente ovale.

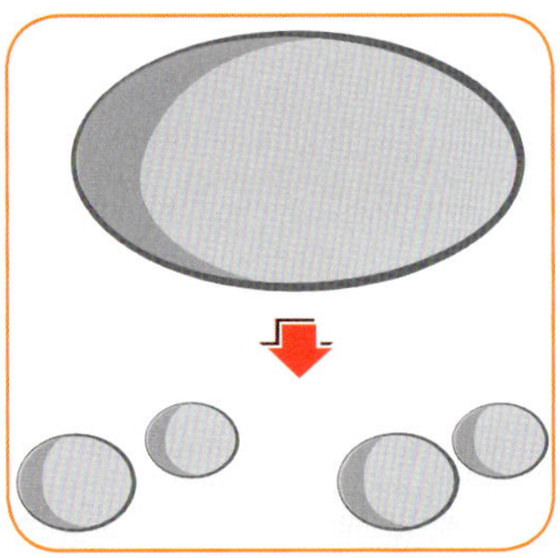

2

Formate anche quattro piccole palline per le zampe e adagiatele sul piano di lavoro, a due a due, formando una sorta di rettangolo. Appoggiatevi sopra il corpo realizzato in precedenza.

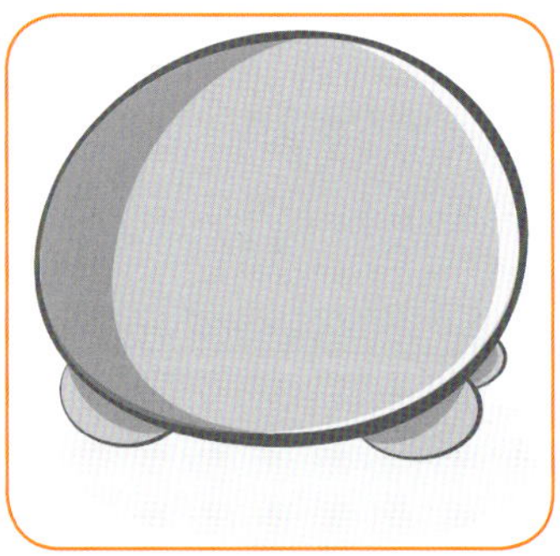

3

Fate aderire bene il corpo alle zampe.

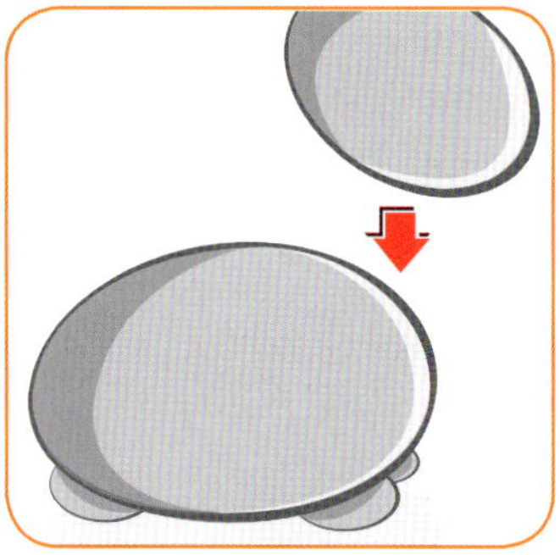

4

Per la testa, formate una pallina più piccola sempre di marzapane grigio e datele una forma ovale. Attaccatela al corpo dell'ippopotamo.

5

Attaccate sopra la testa sei palline di marzapane grigio (due per le narici, due per gli occhi, due per le orecchie).

IL CONSIGLIO

Quando realizzate i piccoli dettagli simmetrici (occhi, orecchie, zampe ecc.) ricordatevi di plasmarli contemporaneamente tra pollice e indice e di applicarli nello stesso momento al corpo del soggetto. Vi sarà infatti più facile esercitare la stessa pressione e ottenere così particolari quanto più possibile speculari.

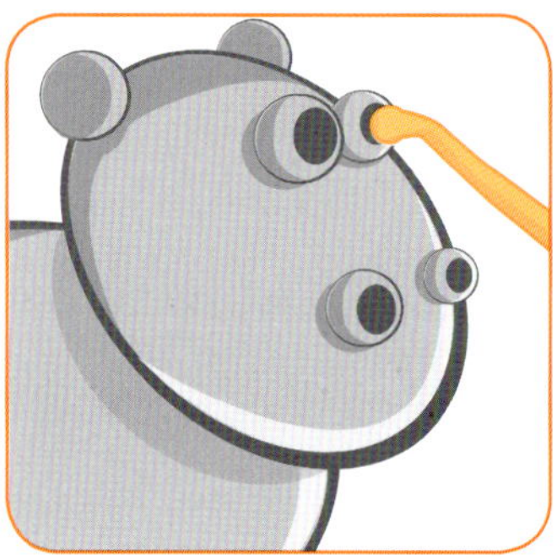

6

Con il ball tool a punta piccola forate le palline degli occhi e delle narici.

7

Nei due fori per gli occhi inserite due palline di pasta di zucchero.

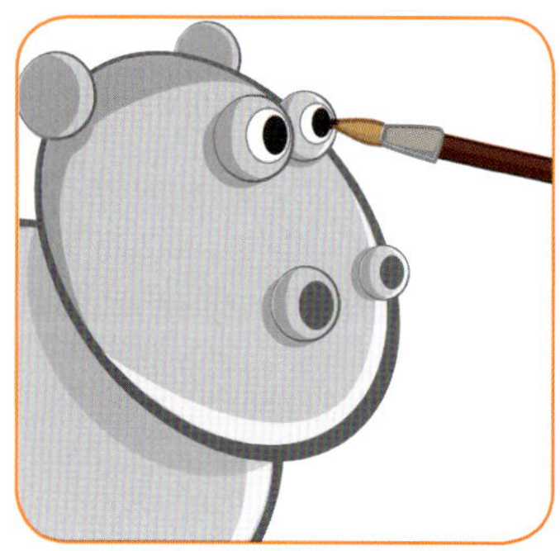

8

Con il pennellino e il colorante nero in pasta disegnate le pupille.

9

Con il coltellino incidete il muso per creare la bocca (aprite leggermente l'incisione creata in modo da ottenere una fessura); sempre con il coltellino disegnate le pieghe della pancia.

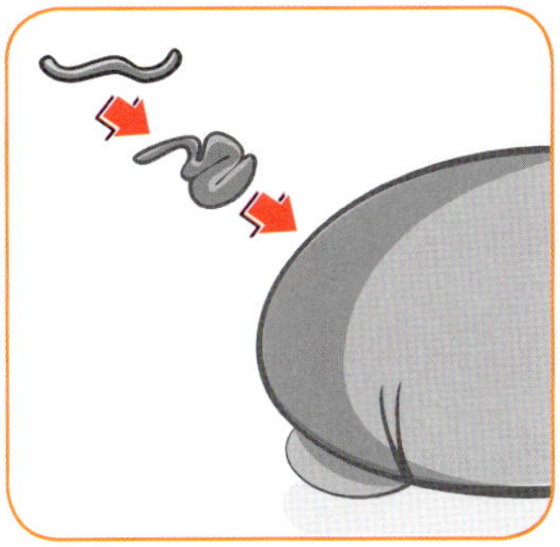

10

Per la coda, allungate una pallina di marzapane grigio su un palmo, posizionatela sul corpo con il pollice e l'indice e arricciatela.

11

Con la pasta di zucchero, ridotta a pezzetti, realizzate i denti dell'ippopotamo.

I DETTAGLI

Per il **fiore**, con del marzapane verde formate cinque palline, schiacciatele tra pollice e indice e sovrapponetele appena. Ponete al centro cinque palline di pasta di zucchero più piccole e bucatele. Arrotolate una pallina di marzapane verde sul piano di lavoro per lo stelo e completate con una pallina di marzapane marrone a goccia. Per l'**erba**, create palline di marzapane verde da plasmare a goccia.

Un panda goffo, enorme e un po' imbranato che vuole imparare il kung-fu: che dite, ve la sentite di aiutarlo in questa impresa?

PANDA GIGANTE

che cosa ti occorre?

- 300 g di marzapane
- colorante alimentare marrone in polvere
- colorante alimentare verde in polvere
- colorante bianco in polvere
- colorante alimentare nero in pasta
- carbone vegetale in polvere

per gli elementi accessori

- colorante alimentare in polvere verde e giallo per l'erba (vedi p. 21); carbone vegetale in polvere e colorante alimentare in polvere bianco per i pois (vedi box p. 63)

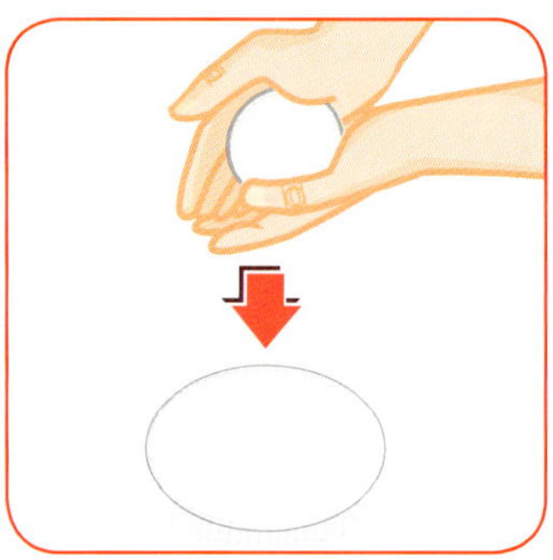

1

Formate con il marzapane bianco una pallina e allungatela creando una sorta di uovo.

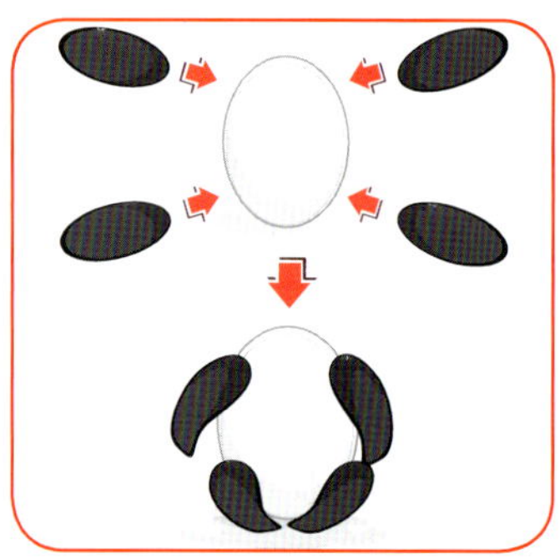

2

Disponetelo sul piano di lavoro in piedi e attaccatevi i quattro arti, realizzati allungando tra i palmi delle mani delle palline di marzapane nero (coloratele con il carbone). Piegate le braccia in modo da creare movimento.

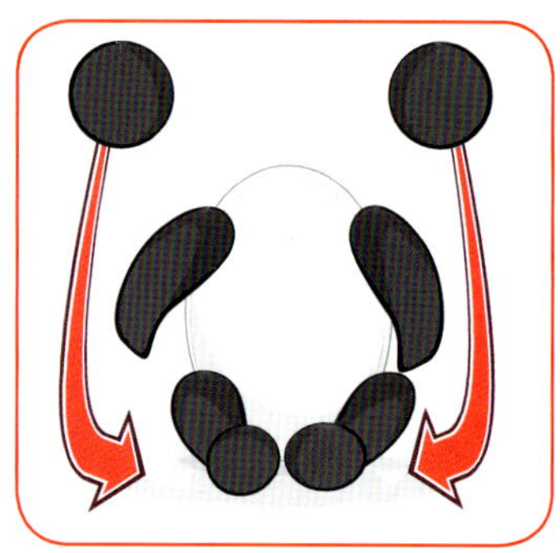

3

Attaccate agli arti inferiori due palline di marzapane nero per formare le zampe.

4

Formate una pallina di marzapane bianco, attaccatela sopra il corpo del panda, quindi con il marzapane nero realizzate le orecchie, gli occhi e il naso.

5

Con il coltellino, partendo dal basso del soggetto verso l'alto, create piccoli taglietti uno vicino all'altro, formando il mantello peloso del panda.

6

Con il marzapane bianco formate due palline, schiacciatele tra l'indice e il pollice e attaccatele sopra le macchie nere degli occhi.

7

Con il pennellino e il colorante nero in pasta disegnate le pupille e la bocca.

8

Arrotolate sul piano di lavoro una pallina di marzapane marrone per il tronco dell'albero. Create piccole protuberanze per i rami sopra e le radici sotto e attaccate il tutto al tronco. Ponete l'albero tra le zampe del panda.

9

Attaccate sui rami le foglioline verdi realizzate con delle palline di marzapane verde leggermente appuntite e appiattite.

Un bel cesto stracolmo di verdure colorate, appena colte nell'orto, pronte per essere cucinate. Quali sono le vostre preferite? Divertitevi a realizzarne sempre nuove variando forme, colori e... stagioni!

CESTINO DELL'ORTO

che cosa ti occorre?

- 300 g di marzapane
- colorante alimentare arancione in polvere
- colorante alimentare verde in polvere
- colorante alimentare viola in polvere
- colorante alimentare rosso in polvere
- colorante alimentare bianco in polvere
- zucchero a velo
- cacao amaro

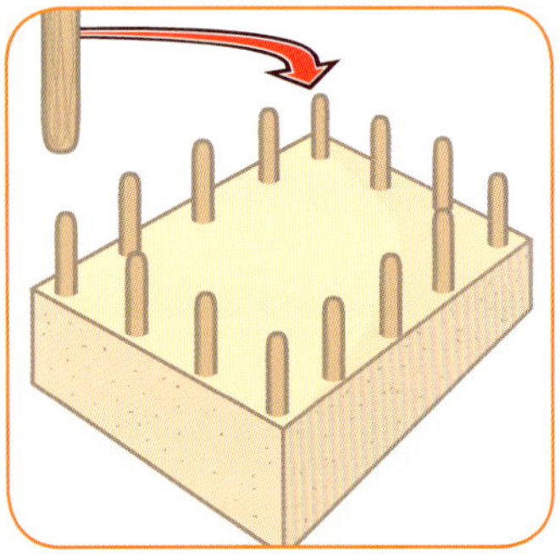

1

Infilzate degli stecchi da gelato nei bordi di un supporto a forma rettangolare creando una sorta di recinto.

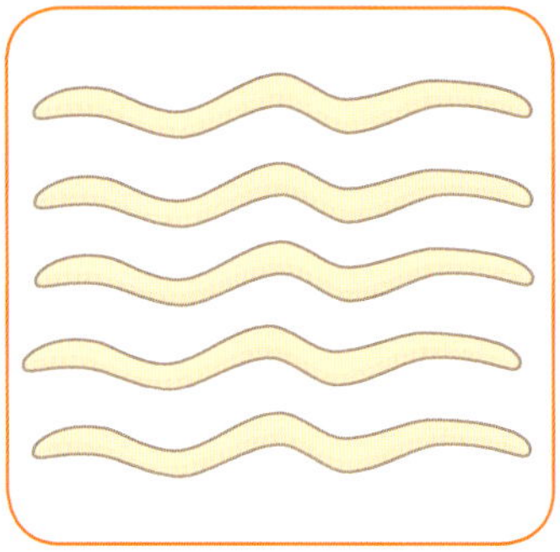

2

Allungate e assottigliate tra i palmi delle mani delle palline di marzapane neutro, formando dei salamini lunghi.

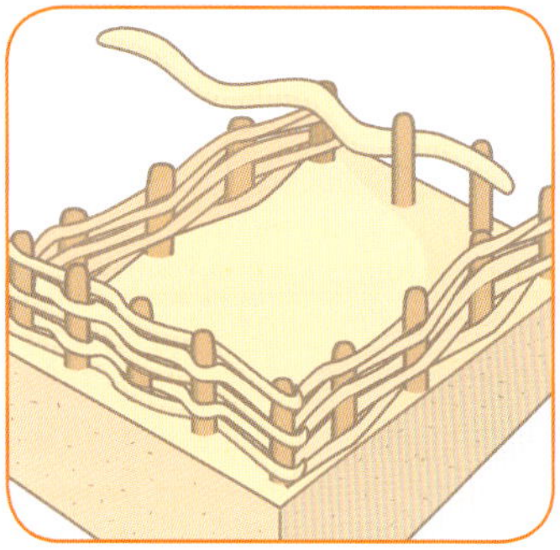

3

Intrecciate i salamini intorno agli stecchi da gelato, proseguendo fino a raggiungere l'altezza desiderata del cestino.

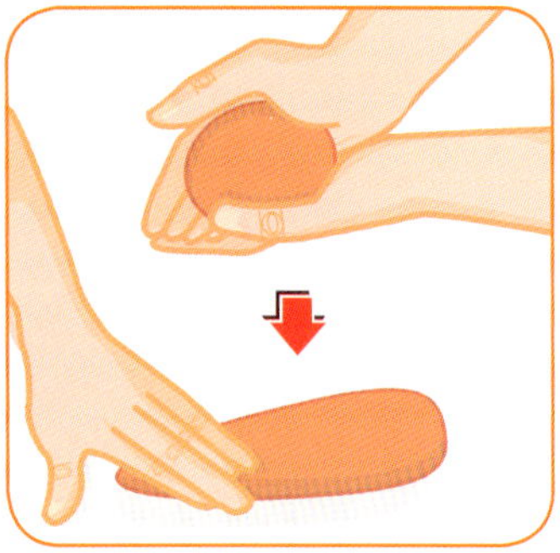

4

Per la carota, allungate una pallina di marzapane arancione con il palmo della mano su un piano di lavoro fino a formare un cono.

5

Con il marzapane verde fate il ciuffetto e attaccatelo alla carota. Con il coltellino create delle piccole incisioni.

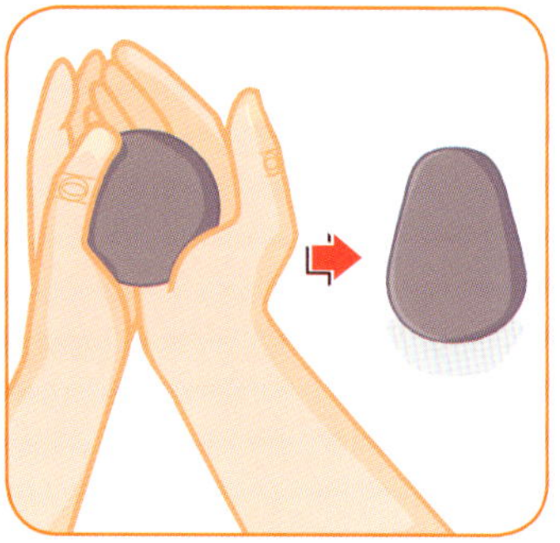

6

Per la melanzana, con il marzapane viola fate una pallina, poi datele una forma ovale cercando di ottenere una parte più grossa dell'altra.

7

Modellate tra i palmi delle mani una pallina di marzapane verde ricavando, una alla volta, tre protuberanze. Con un altro pezzetto di marzapane formate un cilindro. Attaccate il tutto alla sommità della parte più piccola della melanzana.

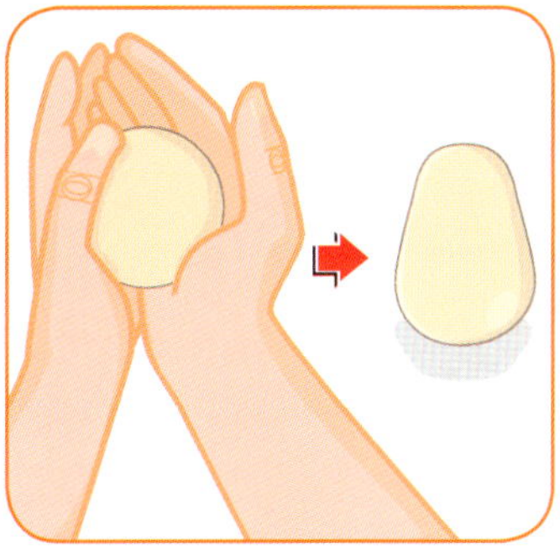

8

Per le patate, formate con il marzapane neutro dei piccoli ovali, modellandoli tra i palmi delle mani.

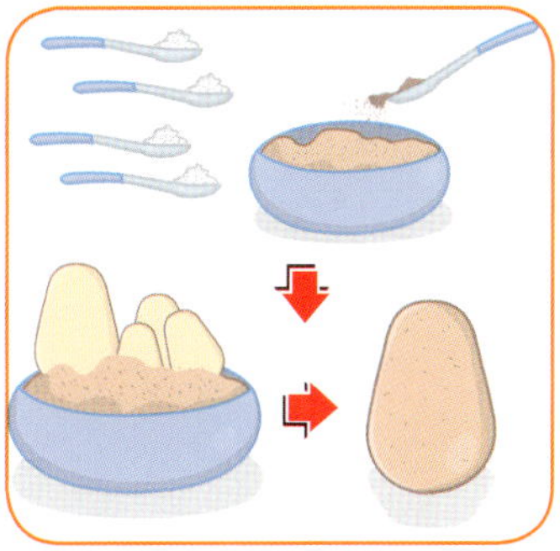

9

Miscelate 4 cucchiai di zucchero a velo con 1 cucchiaio di cacao amaro e passate le piccole patate in questa miscela. Con l'aiuto di un setaccino rimuovete l'eccesso di zucchero e cacao.

10

Per i pomodorini ciliegia, formate delle palline con il marzapane rosso; con il marzapane verde fate dei salamini sottili e delle gocce e uniteli ai pomodori in modo da simulare la parte verde della pianta.

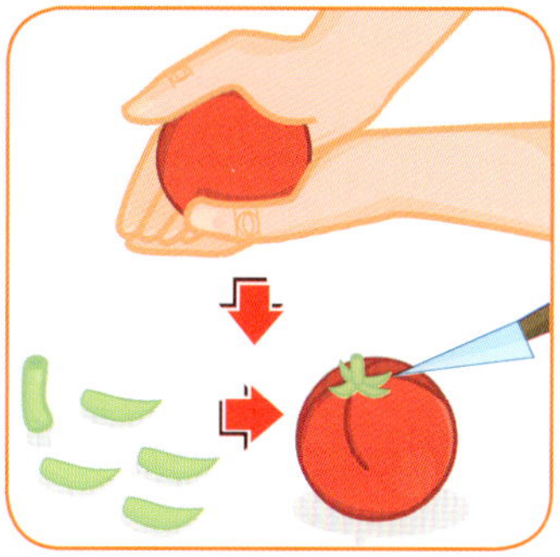

11

Per i pomodori più grandi formate delle palline un po' più grosse e rigatele con il coltellino. Con il marzapane verde create il picciolo allungando delle palline a goccia e plasmando un salamino sottile da porre al centro.

IL DETTAGLIO

Per realizzare la **tovaglietta** su cui è appoggiato il cestino, seguite il procedimento descritto alle pp. 22-23. Ponetela quindi su un vassoio con il bordo poco più grande del cestino e terminate la preparazione mettendo sulla tovaglietta il cestino contenente tutte le verdure preparate.

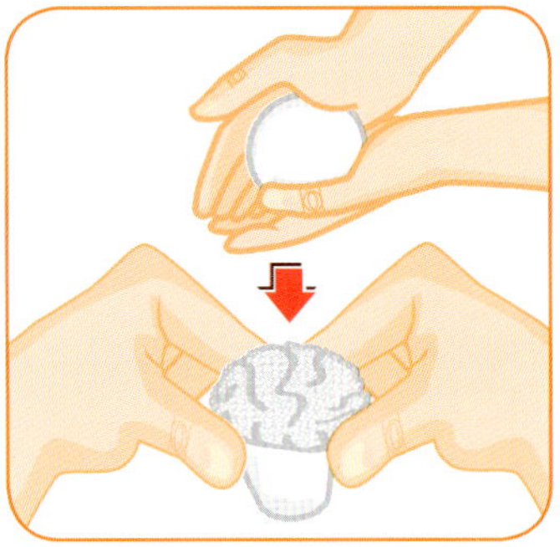

12

Per il cavolfiore, spaccate a metà una pallina di marzapane bianco tirando con le dita in direzione opposta; ripetete l'operazione più volte fino a creare l'effetto "arruffato".

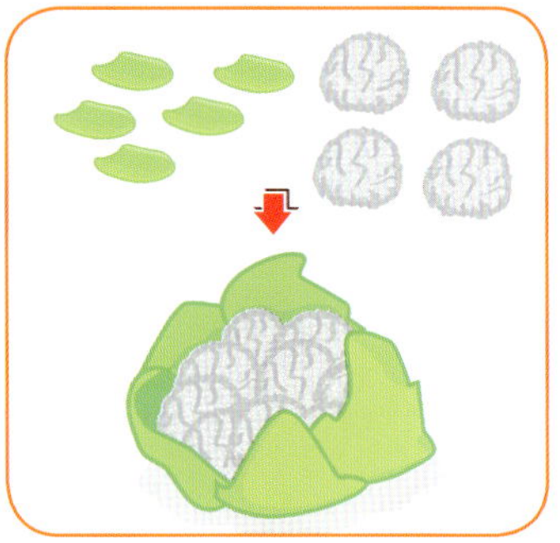

13

Con lo stesso procedimento lavorate tante palline e unitele formando il centro del cavolfiore. Schiacciate in un sacchetto delle palline di marzapane verde per le foglie e attaccatele alla base.

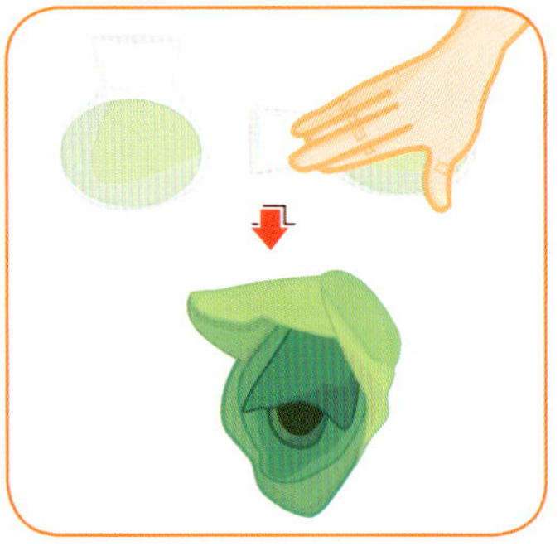

14

Per la lattuga, formate con il marzapane verde delle palline, schiacciatele dentro un sacchetto di plastica in modo che non si attacchino al piano di lavoro e unitele sovrapponendole leggermene le une alle altre.

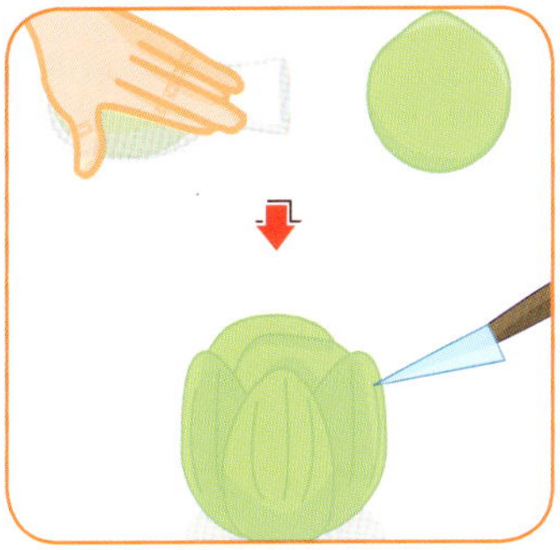

15

Per il cavolo cappuccio, formate con il marzapane verde delle foglie rotonde usando la stessa tecnica della lattuga, attaccatele una all'altra e segnatele con il coltellino.

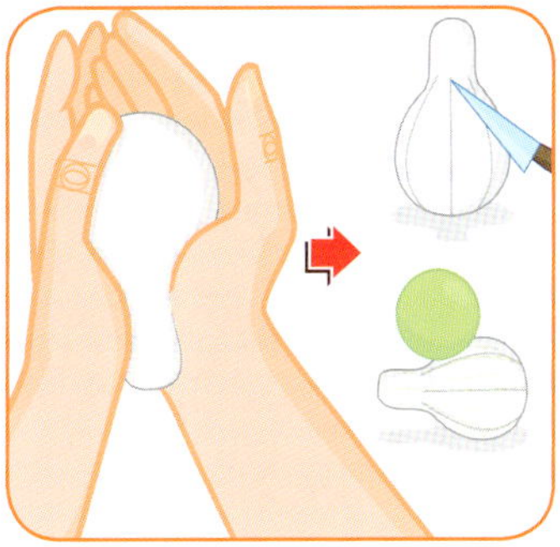

16

Per il finocchio, allungate una pallina di marzapane bianco. Fate delle piccole incisioni e strisciate un po' di marzapane verde su quello bianco, per dare l'effetto "sfumato".

17

Per il carciofo, allungate una pallina di marzapane verde e create tante piccole incisioni con la forbice. Fate un bastoncino con il marzapane verde e attaccatelo alla base del carciofo.

18

Per il ravanello, con il marzapane rosso "sporcato" di marzapane bianco formate una pallina, allungatela dando una forma appuntita e segnate la radice con il coltellino. Applicate il ciuffo fatto con il marzapane verde.

STECCODOLCI

Truccate i clown e portateli in scena come al circo senza dimenticare... il naso.

CLOWN

che cosa ti occorre?

- 250 g di impasto base per steccodolci
- 50 g di marzapane
- 200 g di zucchero fondente
- 10 mini coni di cialda
- colorante alimentare rosso in polvere
- coloranti alimentari di vari colori in polvere
- colorante alimentare nero in pasta

per la decorazione

- zuccherini argentati e coloranti alimentari di vari colori in polvere per i cappelli e i collarini (vedi box sotto)

I DETTAGLI

Rendete più belli e brillanti i vostri clown cospargendo la base dei **cappelli** e i **collarini** con degli zuccherini argentati. Completate la sommità di ogni cappello con palline di marzapane colorate a piacere o con ciuffetti di marzapane ottenuti con lo spremiaglio.

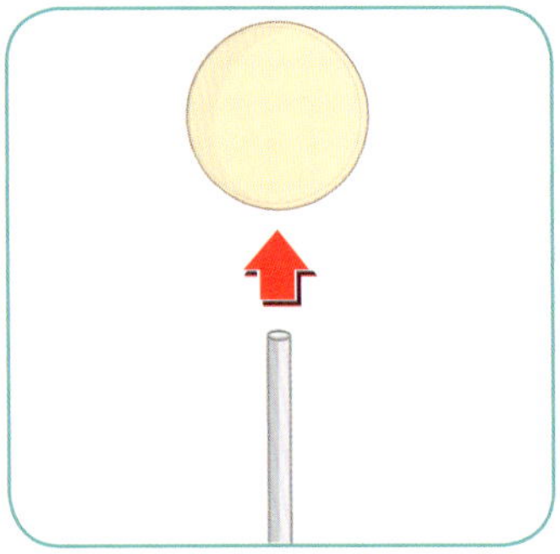

1

Formate con l'impasto base per steccodolci 10 palline da 25 g. Infilate ciascuna pallina nello stecco, quindi congelate per almeno 2-3 ore.

2

Dopo averle congelate, immergete le palline nello zucchero fondente caldo tenendole dallo stecco.

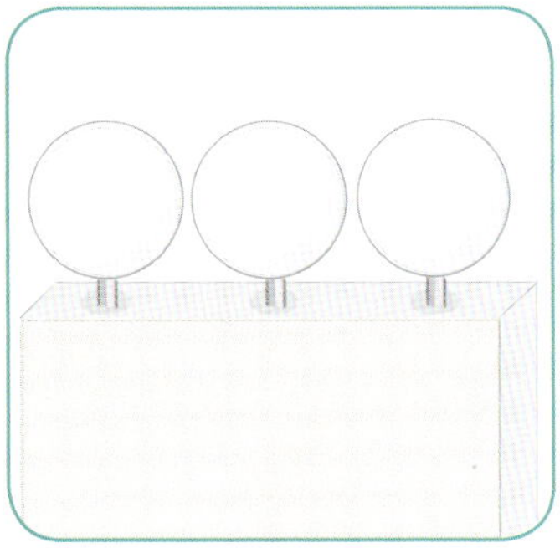

3

Scolatele bene e riponetele ad asciugare infilando gli stecchi su una base di polistirolo, ben distanziati tra loro in modo che le palline non si tocchino.

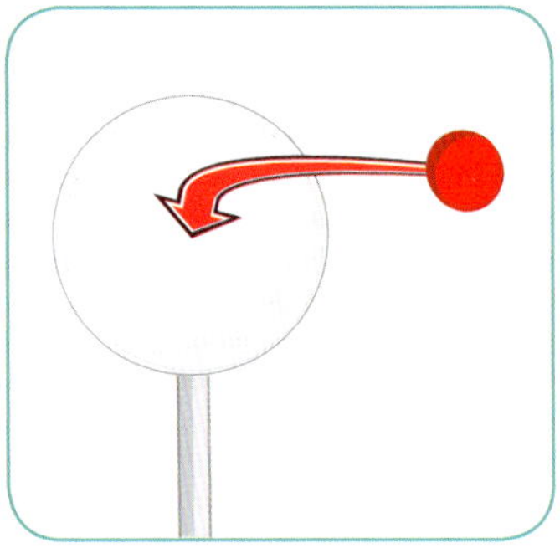

4

Con del marzapane rosso create una pallina per il naso e applicatela sul viso del clown.

5

Immergete la parte bassa del mini cono nello zucchero fondente caldo e attaccatelo alla sommità della testa del clown.

6

Con uno spremiaglio realizzate i capelli utilizzando il marzapane del colore che preferite.

7

Con il pennellino e il colorante nero in pasta disegnate gli occhi (una “x” o un puntino).

8

Con un pezzetto di marzapane del colore che preferite create le sopracciglia e attaccatele sopra gli occhi.

9

Con il marzapane rosso create la bocca e applicatela al viso del clown.

10

Per il collarino, fate passare una pallina di marzapane attraverso lo stecco; attaccatela alla base dei clown. Create delle sfere più piccole dello stesso colore, attaccatele una vicino all’altra sulla pallina e foratele con il ball tool a punta piccola.

Eccoli i nuovi mostri! Simpatici e molto buffi, coloreranno il vostro pomeriggio di giochi e merenda.

EVVIVA I MOSTRI!

che cosa ti occorre?

- 250 g di impasto base per steccodolci
- 30 g di pasta di zucchero
- 200 g di zucchero fondente
- coloranti alimentari di vari colori in polvere
- colorante alimentare nero in pasta

IL DETTAGLIO

Per creare **mani** e **piedi** perfetti seguite questo procedimento: per il mostro bianco fate tante palline di marzapane appiattite, bucatele con il ball tool a punta piccola e attaccatele alla base del mostro; per quelli arancione e rosa prendete quattro pezzetti di marzapane e rigateli con il coltellino in modo da formare le dita; per il mostro giallo fate due salsicciotti di marzapane, rigateli con il coltellino e applicatevi alle estremità delle palline di marzapane bucate con il ball tool a punta piccola.

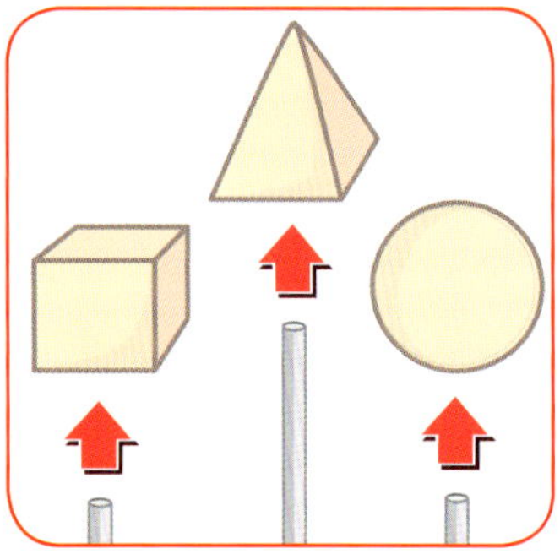

1

Create con l'impasto base per steccodolci tre diverse forme: piramide, cubo, sfera. Infilate ciascuna forma nello stecco, quindi congelate per almeno 2-3 ore.

2

Immergete le forme nello zucchero fondente caldo (bianco, arancione, rosa e giallo). Scolatele bene e riponetele ad asciugare infilando gli stecchi su una base di polistirolo, ben distanziati tra loro.

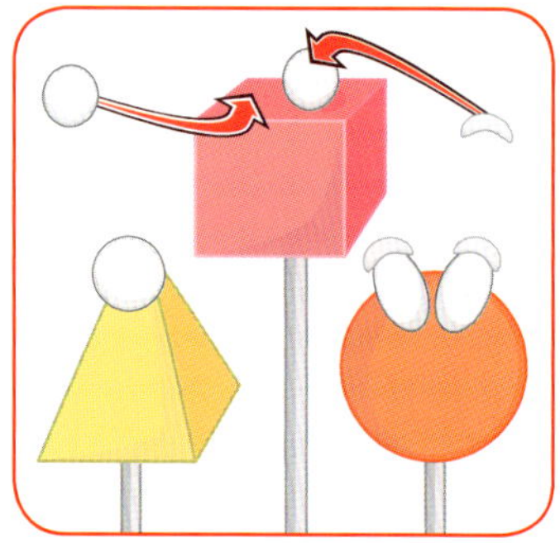

3

Con la pasta di zucchero formate degli ovali e attaccateli a ogni mostro in modo da creare gli occhi (uno, due o tre). Completate applicando anche le sopracciglia fatte con pezzetti di marzapane bianco.

4

Con palline di marzapane di vari colori create i nasi (nel mostro giallo praticate tre fori con l'apposito attrezzo). Formate poi i piedi e le mani (per una descrizione accurata vedi box p. 104) e attaccateli ai mostri.

5

Dipingete infine i dettagli (bocca e pupille) con il pennellino e il colorante nero in pasta.

6

Terminate applicando altri dettagli di marzapane, da modellare a piacere: la testa dietro gli occhi del mostro arancione; il dente per il mostro rosa; le orecchie, la lingua e l'antenna per il mostro giallo.

Alessia
Montersin

Che cosa ci fa un panda su un cono? Forse vorrà arrampicarsi su un albero...

CONO PANDA

che cosa ti occorre?

- 400 g di impasto base per steccodolci
- 50 g di marzapane
- 200 g di zucchero fondente
- 10 coni di cialda
- colorante alimentare bianco in polvere
- colorante alimentare nero in pasta
- carbone vegetale in polvere

IL CONSIGLIO

Per ottenere un nero perfetto, utilizzate il carbone vegetale anziché il colorante in polvere. Preparate il marzapane colorato almeno un giorno prima di utilizzarlo, in modo che il carbone vegetale abbia il tempo di assorbirsi completamente nella pasta. Inoltre, con questo piccolo trucco il vostro marzapane macchierà molto meno.

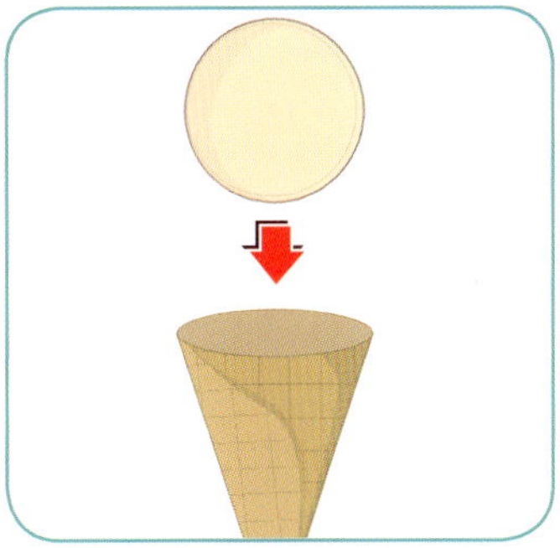

1

Formate con l'impasto base per steccodolci 10 palline da 40 g. Mettete ciascuna pallina così formata sopra i coni di cialda.

2

Congelate per almeno 2-3 ore, quindi immergete le palline nello zucchero fondente caldo. Scolatele bene e riponetele ad asciugare infilando i coni su una base di polistirolo, ben distanziati tra loro.

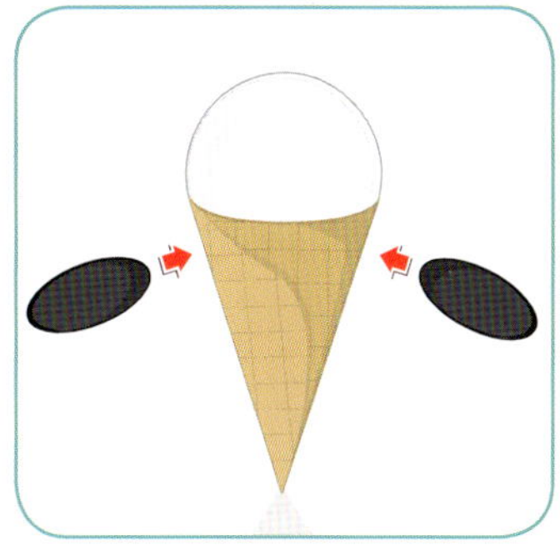

3

Con il marzapane nero (colorato utilizzando il carbone) create due salsicciotti per le braccia e fatele aderire al cono.

4

Con altro marzapane nero formate due palline, schiacciatele e attaccatele alla sommità della testa del panda in modo da formare le due orecchie.

5

Con un'altra pallina di marzapane nero create il naso, da posizionare al centro del muso. Con il pennellino e il colorante nero in pasta disegnate la bocca appena sotto il naso.

6

Sempre con il colorante nero in pasta disegnate gli occhi. Applicatevi sopra due palline di marzapane bianco ben schiacciate. Terminate disegnando le pupille all'interno dei due cerchi bianchi.

Chi ha paura della notte di Halloween? Con queste zucche dolcissime e "spaventose" i fantasmi scapperanno e voi potrete mangiarvi in santa pace tutti i dolcetti, con o senza scherzetti.

ZUCCHE DI HALLOWEEN

che cosa ti occorre?

- 250 g di impasto base per steccodolci
- 100 g di marzapane
- 200 g di zucchero fondente
- colorante alimentare arancione in polvere
- colorante alimentare viola in polvere
- colorante alimentare nero in pasta
- perline di zucchero dorate

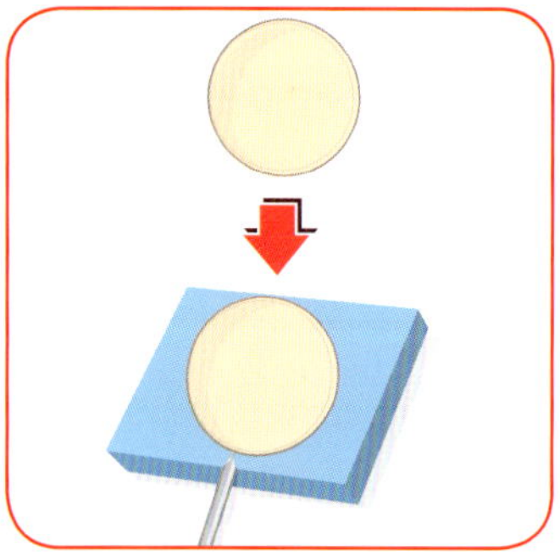

1

Preparate l'impasto base per steccodolci e mettetelo in uno stampo di silicone a forma di girella con il suo stecco. Livellate bene con una spatola e congelate per almeno 2-3 ore.

2

Immergete gli stecchi nello zucchero fondente caldo colorato di arancione. Scolateli bene e riponeteli ad asciugare infilandoli su una base di polistirolo, ben distanziati tra loro in modo che le girelle non si tocchino.

3

Con il pennellino e il colorante nero in pasta disegnate i dettagli: gli occhi e il naso a triangolo e la bocca frastagliata.

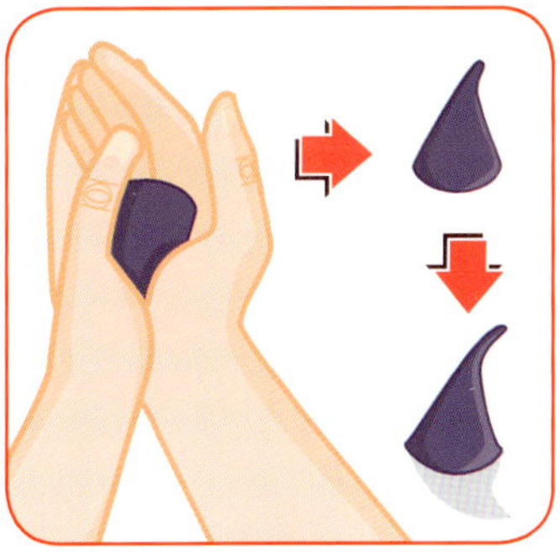

4

Con il marzapane viola formate un piccolo cono e modellatelo con le dita fino a creare il cappello del soggetto.

5

Con un pezzetto di marzapane arancione plasmate un piccolo salamino da attaccare alla base del cappello e applicatevi delle perline di zucchero dorate. Posizionate il cappello sulla girella.

L'IDEA IN PIÙ

Invece del cappello potete completare gli steccodolci realizzando il ciuffetto verde, caratteristico della zucca. Fate una pallina di marzapane verde e allungatela arrotolandola tra i palmi delle mani. Attaccatela alla sommità della zucca premendola leggermente, arrotondate la punta e piegatela dandole il movimento che preferite.

Chi starà guardando Pinocchio? Forse il gatto e la volpe? Oppure il grillo parlante? Speriamo che smetta di dire bugie altrimenti il naso diventerà sempre più lungo.

PINOCCHIO

che cosa ti occorre?

- 250 g di impasto base per steccodolci
- 100 g di marzapane
- 200 g di zucchero fondente
- 20 g di pasta di zucchero
- colorante alimentare rosa perlato in polvere
- colorante alimentare rosso in polvere
- colorante alimentare marrone in polvere
- colorante alimentare azzurro in polvere
- colorante alimentare giallo in polvere
- colorante alimentare nero in pasta
- carbone vegetale in polvere

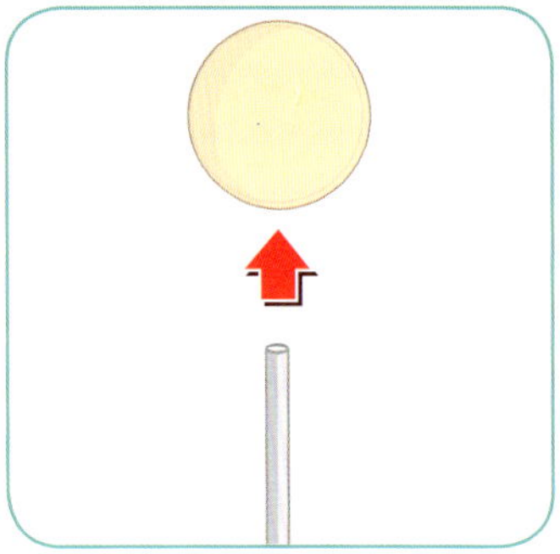

1

Con l'impasto base per steccodolci create 10 palline da 25 g. Infilate ciascuna pallina nello stecco, quindi congelate per almeno 2-3 ore.

2

Immergete le palline nello zucchero fondente caldo colorato di rosa. Scolatele bene e riponetele ad asciugare infilando gli stecchi su una base di polistirolo, ben distanziati tra loro in modo che le palline non si tocchino.

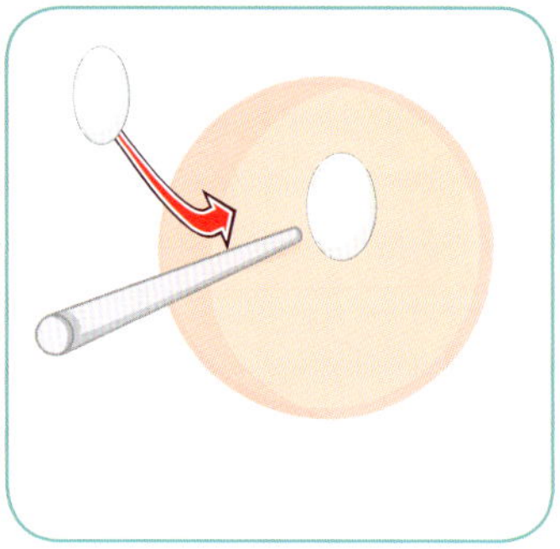

3

Fate gli occhi: con la pasta di zucchero formate due ovali e posizionateli sopra lo stecco, che fungerà da naso del soggetto.

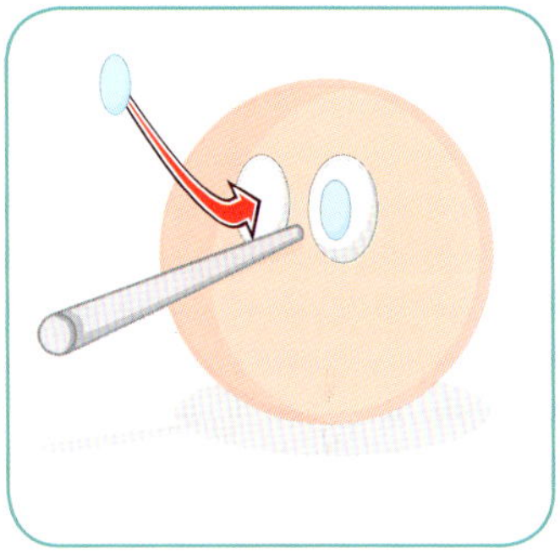

4

Con il marzapane azzurro create degli ovali ancora più piccoli e posizionateli sopra gli ovali bianchi.

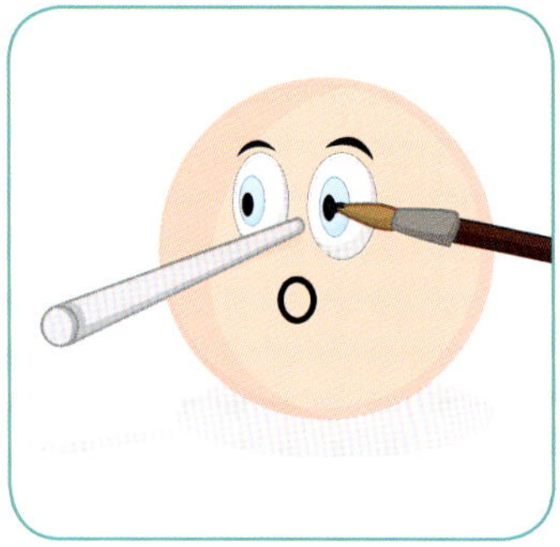

5

Con il pennellino e il colorante nero in pasta disegnate le pupille, le sopracciglia e la bocca.

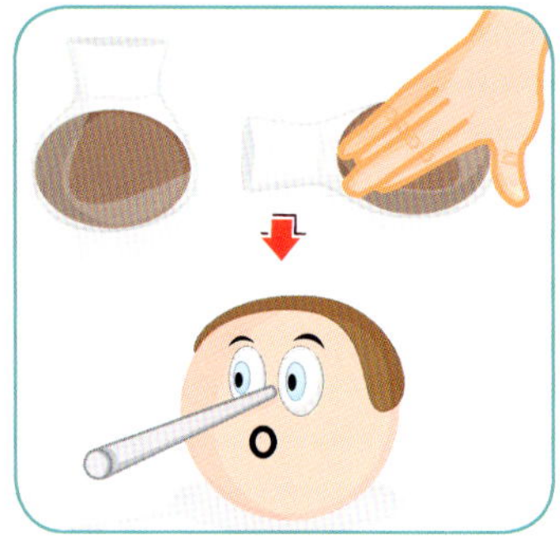

6

Per i capelli, con il marzapane marrone formate un ovale, riponetelo in un sacchetto trasparente e schiacciatelo; posizionatelo sulla testa del soggetto.

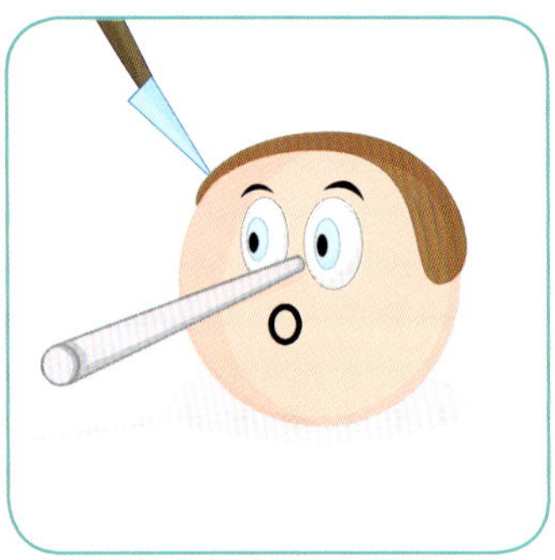

7

Con il coltellino formate dei piccoli tagli in modo da creare l'effetto dei capelli.

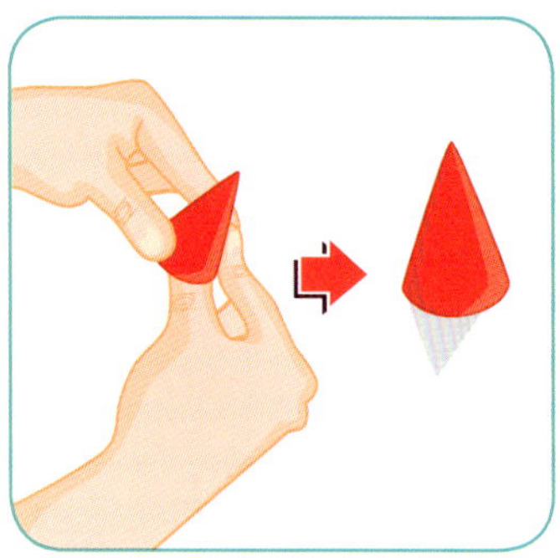

8

Con il marzapane rosso create una piccola carota sul piano di lavoro, modellatela a forma di cappello e posizionatela sulla testa del soggetto.

9

Fate un salamino con il marzapane nero (colorato con il carbone) e avvolgetelo intorno alla base del cappello. Con il colore nero in pasta disegnate la striatura nel cappello. Completate con ovali di marzapane giallo alla base di Pinocchio.

Un gattone arancione che con il suo papillon non rinuncia a un tocco d'eleganza.

CONO GATTO

che cosa ti occorre?

- 400 g di impasto base per steccodolci
- 50 g di marzapane
- 200 g di zucchero fondente
- 10 coni di cialda
- 20 g di pasta di zucchero
- colorante alimentare arancione in polvere
- colorante alimentare giallo in polvere
- colorante alimentare nero in pasta
- caramelline colorate

IL CONSIGLIO

Lo zucchero fondente può essere sciolto a bagnomaria o al microonde. Tende ad asciugarsi in fretta; di conseguenza, se durante la lavorazione si dovesse seccare, potete riscaldarlo aggiungendo 1 cucchiaio d'acqua.

1

Formate con l'impasto base per steccodolci 10 palline da 40 g. Mettete ciascuna sopra i coni. Con il marzapane neutro create due palline appuntite per le orecchie e attaccatele, quindi congelate per 2-3 ore.

2

Immergete le palline nello zucchero fondente caldo colorato di arancione. Scolatele bene e fatele asciugare infilando i coni su una base di polistirolo, ben distanziati tra loro.

3

Con il marzapane neutro create un fiocco: realizzate due strisce di pasta da appiattire e piegare "a fiocco", poi fermatele con una striscia più piccola. Attaccate il fiocco alla base della testa del gatto.

4

Con il marzapane giallo fate un ovale, schiacciatelo tra le mani e dategli una forma più stretta in mezzo; attaccatelo al centro della testa. Realizzate anche due palline di marzapane giallo e attaccatele ai due lati in modo da formare le guance.

5

Immergete le caramelline fino a metà nello zucchero fondente caldo colorato di arancione, quindi lasciatele indurire. Attaccatele sopra il muso del gatto con l'aiuto di un piccolo cono di carta riempito di zucchero fondente.

6

Con il pennellino e il colorante nero in pasta disegnate gli occhi e il resto delle decorazioni presenti sul muso del gatto. Per il naso, create una pallina di pasta di zucchero e posizionatela in mezzo agli occhi.

Sorridente, triste, arrabbiato, birichino: e il tuo steccodolce com'è?
Create smile sempre diversi da regalare agli amici.

SMILE

che cosa ti occorre?

- 250 g di impasto base per steccodolci
- 200 g di zucchero fondente
- colorante alimentare giallo in polvere
- colorante alimentare nero in pasta

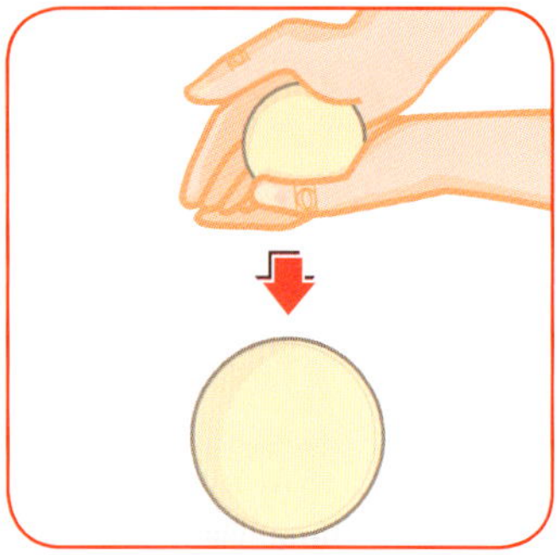

1

Formate con l'impasto base per steccodolci 10 palline da 25 g.

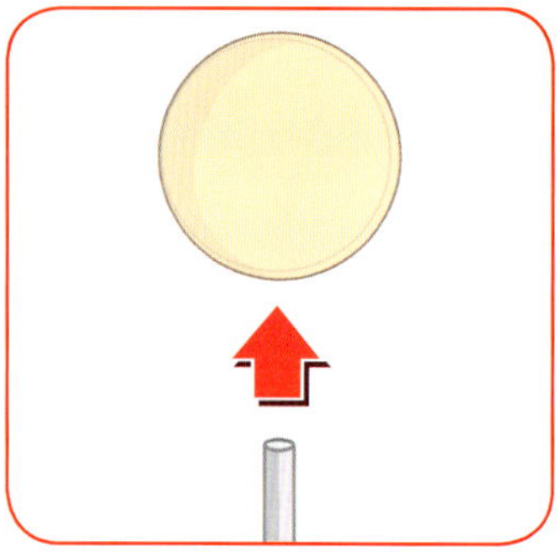

2

Infilate ciascuna pallina nello stecco, quindi congelate per almeno 2-3 ore.

3

Dopo averle congelate, immergete le palline nello zucchero fondente caldo colorato di giallo tenendole dallo stecco.

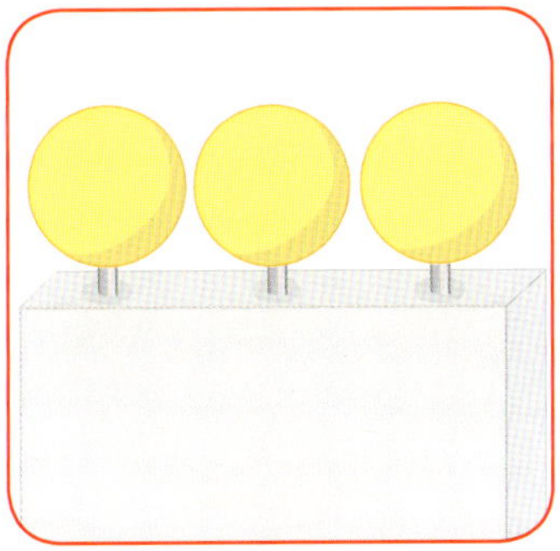

4

Scolatele bene e riponetele ad asciugare infilando gli stecchi su una base di polistirolo, ben distanziati tra loro in modo che le palline non si tocchino.

5

Con il pennellino e il colorante nero in pasta disegnate le varie espressioni degli smile: triste, felice, sorridente, stupito e ammiccante.

IL CONSIGLIO

Chi l'ha detto che gli smile devono essere sempre gialli? Divertitevi a creare steccodolci dai colori ogni volta diversi. Qualche idea? Arancione, verde, azzurro, fucsia ecc. Anche le espressioni possono variare. Gli steccodolci si possono conservare a temperatura ambiente o in frigorifero per diversi giorni, chiusi in contenitori ermetici.

Un dolce nel dolce: irresistibili e colorati cupcake per merende very chic.

CUPCAKE

che cosa ti occorre?

- 250 g di impasto base per steccodolci
- 200 g di zucchero fondente
- 10 g di pasta di zucchero
- colorante alimentare rosa in polvere
- colorante alimentare giallo in polvere
- coloranti alimentari di vari colori in gel
- caramelline colorate
- perline di zucchero colorate

IL CONSIGLIO

Per la decorazione di questo soggetto abbiamo utilizzato coloranti in gel. A differenza di quelli in pasta e in polvere sono pratici perché si utilizzano senza essere sciolti o diluiti, ma direttamente spremuti dal tubetto. Inoltre, hanno una struttura che non cola, e sono quindi adatti per decorare anche superfici convesse, come quelle dei cupcake.

1

Con parte dell'impasto per steccodolci fate la base del cupcake creando un cilindro. Infilateli nello stecco e congelate per 2-3 ore. Immergeteli nello zucchero fondente caldo, scolate e fate asciugare.

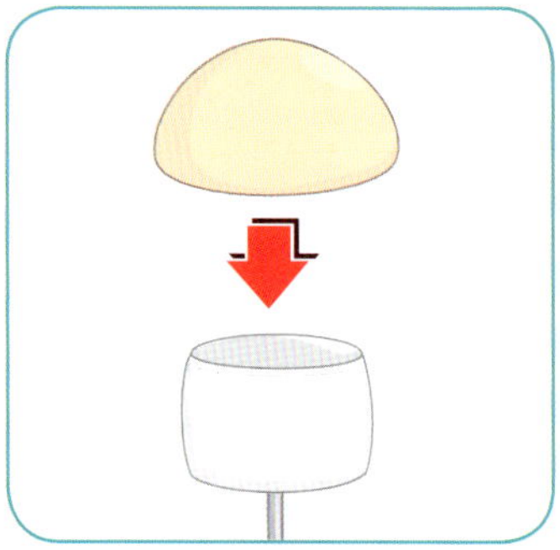

2

Con altro impasto per steccodolci create una mezza sfera, fatela aderire alla base, quindi congelate per almeno 2-3 ore.

3

Immergete i cupcake nello zucchero fondente caldo colorato di rosa, scolateli e riponeteli ad asciugare infilandoli su una base di polistirolo, distanziati tra loro.

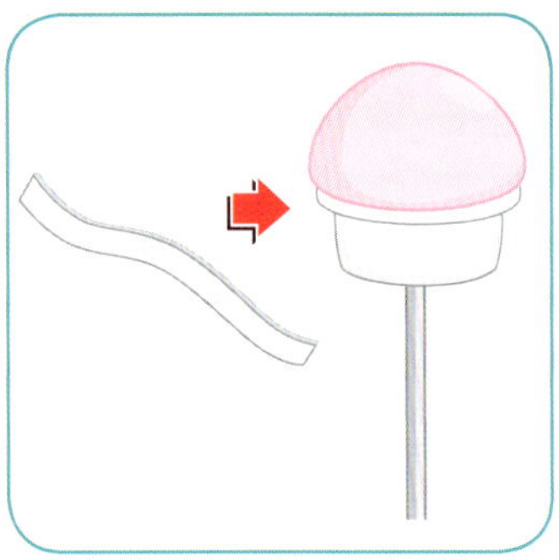

4

Stendete una striscia sottile di pasta di zucchero e fatela aderire fra i due pezzi del cupcake di diverso colore.

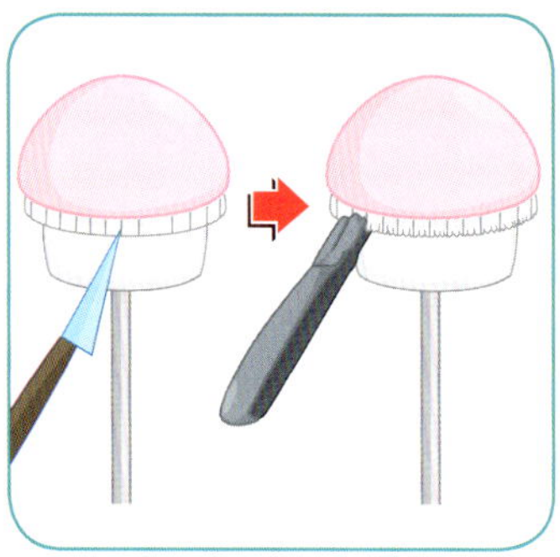

5

Con il coltellino praticate delle piccole incisioni e con l'apposita pinza create i decori sul bordo.

6

Realizzate gli altri decori con coloranti in gel del colore che preferite e completate con qualche caramellina e con perline colorate.

Dove se ne vanno queste tre allegre maialine bionde truccate e agghindate a festa? Sbizzarritevi inventando acconciature sempre nuove e colorate.

PIGGY

che cosa ti occorre?

- 250 g di impasto base per steccodolci
- 100 g di marzapane
- 200 g di zucchero fondente
- colorante alimentare rosa in polvere
- colorante alimentare giallo in polvere
- colorante alimentare azzurro in polvere
- colorante alimentare nero in pasta
- caramelline colorate
- zuccherini argentati

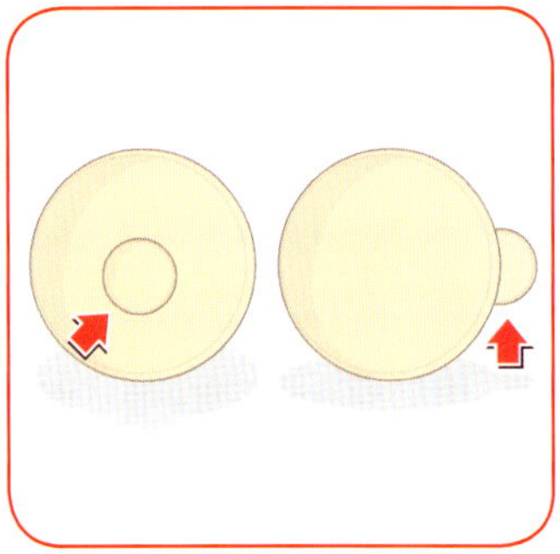

1

Formate con l'impasto base per steccodolci 10 palline da 25 g. Con il marzapane neutro create una pallina e attaccatela al centro della sfera per formare il grugno.

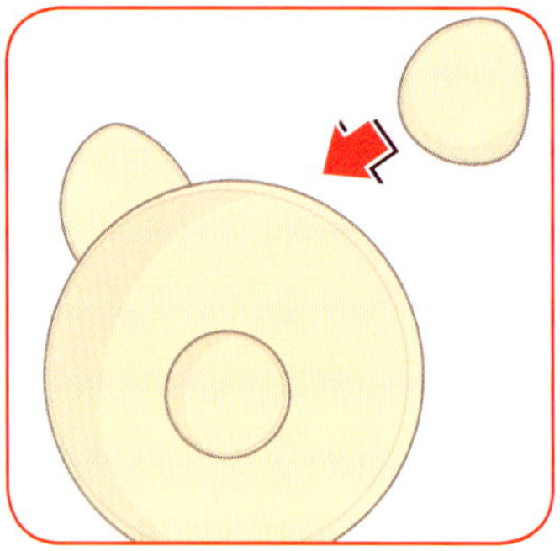

2

Per le orecchie, con il marzapane neutro formate due palline appuntite e applicatele. Infilate le palline dal lato opposto alle orecchie nello stecco, quindi congelateli per almeno 2-3 ore.

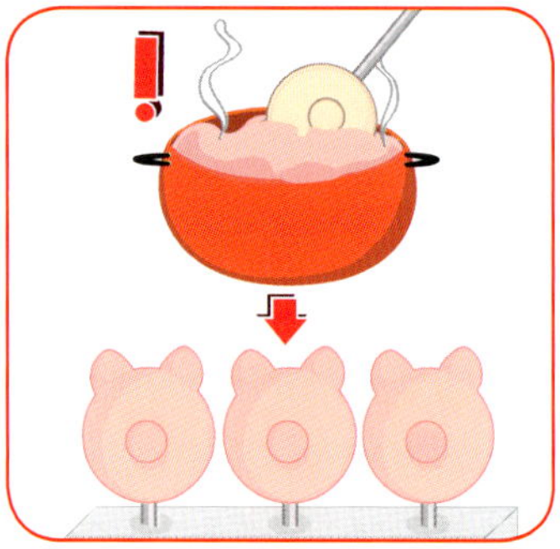

3

Immergete gli steccodolci nello zucchero fondente caldo colorato di rosa tenendoli dallo stecco. Scolateli e riponeteli ad asciugare infilando gli stecchi su una base di polistirolo, ben distanziati tra loro in modo che i grugni non si tocchino.

4

Immergete le caramelline fino a metà nello zucchero fondente caldo colorato di rosa, quindi lasciatele indurire.

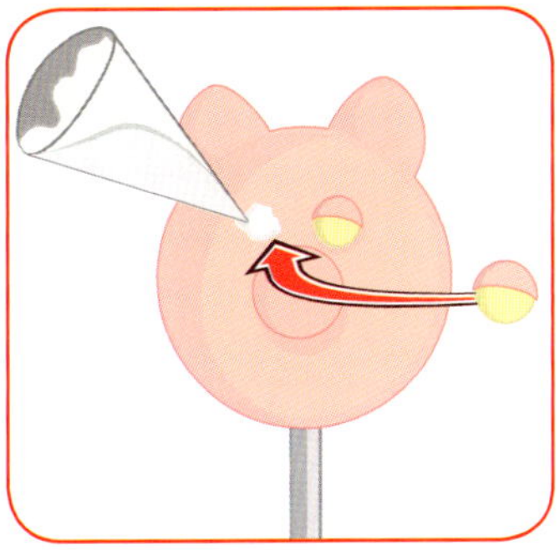

5

Per gli occhi, con l'aiuto di un piccolo cono di carta riempito di zucchero fondente, attaccate le caramelline sopra il grugno.

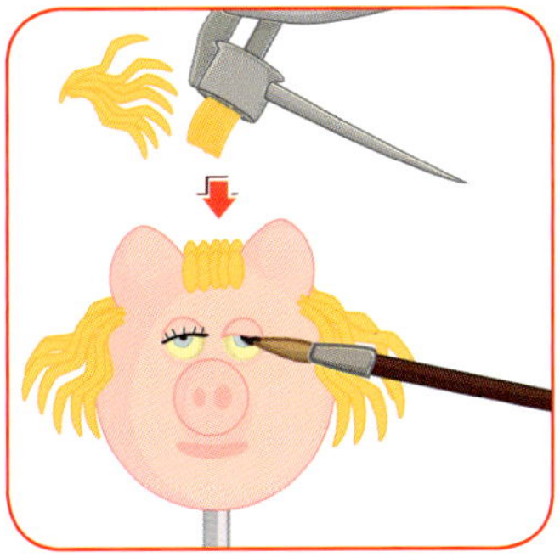

6

Con il pennellino, il colorante nero in pasta e quello azzurro disegnate gli occhi e le ciglia; con il rosa la bocca e le narici. Con uno spremiaglio realizzate i capelli usando il marzapane giallo. Completate, a piacere, con zuccherini argentati.

INDICE

tecniche di base

marzagiochi

steccodolci

Finito di stampare nel mese di novembre 2012
presso Centro Poligrafico Milano S.p.A. - Casarile (MI)